すぐに▼役立つ

◆入門図解◆

# 最新 よくわかる障害者総合支援法

行政書士 若林 美佳 監修

三修社

## はじめに

障害者の日常生活及び社会生活を総合的に支援するための法律（障害者総合支援法）は障害のある人の日常生活・社会生活を総合的に支援することを目的とした法律です。

障害者が受けることができる各種サービスや事業者の指定、市町村・国の責務などについて定められており、障害者への支援について中心的な役割を果たしている法律だといえます。本人だけでなく親などの保護者が、サービスの種類や支給される費用、市区町村や都道府県の役割について知っておくことは重要なことだといえるでしょう。

現在心身ともに健康で不安がない人にとっては、障害福祉サービスというのは身近に感じることが難しいかもしれませんが、障害をもつ人であっても可能な限り健常者と同様に生活できる社会であってはじめて豊かで暮らしやすい社会といえるのではないでしょうか。また、どんな人であっても事故や病気によって障害者の立場になる可能性は否定できません。健常者であっても将来に、自身や家族、親族が社会福祉制度を利用する可能性に備え、状況に応じて適切な支援を受けることができるよう、制度の概要を正しく理解することが大切です。

その他、各種の就労支援、各種福祉手当、年金、成年後見制度などの制度を活用することができますので、福祉のための制度を全体的につかみ適切なサービスを活用するようにしましょう。

本書は障害をもつ人及び保護者の視点で、障害者総合支援法のサービスの内容・利用手続き、負担する費用といった項目を解説した入門書です。障害者総合支援法だけでなく、成年後見制度・障害年金など、その他利用できる福祉制度についても取り上げています。障害者総合支援法については平成28年５月にも新しいサービスの追加や障害児支援の充実など、一部の制度改正が行われていますが、最新の法改正についてもフォローしています。

本書をご活用いただき、皆様のお役に立てていただければ監修者として幸いです。

監修者　行政書士　若林　美佳

# Contents

## Q & A

# 第1章

# 障害者総合支援法の基本

# 1 障害者に関する法律について知っておこう

障害者総合支援法を中心としたさまざまな法律がある

## ◉ どんな法律があるのか

障害者に対する支援で最も中心的な法律は**障害者総合支援法**です。障害者総合支援法はそれまで施行されていた障害者自立支援法の内容や問題点をふまえた上で、障害者の日常生活を総合的に支援するために制定された法律です。

また、障害者のための基本的な施策や施策を決定する際の基本原則を定めている法律として**障害者基本法**があります。

障害者総合支援法や障害者基本法をベースとして、それぞれの障害者に応じた法律も制定されています。たとえば、**知的障害者福祉法**は、知的障害をもつ障害者への支援に関して、実施機関や措置、費用などについて規定しています。また、**身体障害者福祉法**は、身体障害者の自立と社会経済活動への参加を促すことを目的とした法律です。**児童福祉法**は児童の育成に関する施設や責任、障害児に対する支援について定めています。

なお、近年比較的新しく制定された法律として、**障害者虐待防止法**や**障害者優先調達推進法**、**障害者差別解消法**といった法律があります。

## ◉ 障害福祉サービスを受けることができる障害者の対象

障害福祉サービスの給付の対象者は、以下のいずれかに該当する人です。給付を希望する人は市町村に申請し、障害の程度や支給の要否について審査を受けます。障害者総合支援法の制定により、障害者の範囲に一定の難病患者が加わっています。

① 障害者

障害者とは、18歳以上の以下に該当する者のことです。

・身体障害者

身体障害者福祉法に規定されている肢体不自由、視覚障害、聴覚障害、などの障害をもつ者のことです。

・知的障害者福祉法に規定されている知的障害者

・精神障害者、発達障害者

精神障害者とは、統合失調症、精神作用物質による急性中毒などの精神疾患を有する者のことです。発達障害者とは、自閉症、アスペルガー症候群、学習障害などにより、日常生活上、制限を受ける者のことです。

② 障害児

児童とは、満18歳に満たない者のことです。身体に障害のある児童、知的障害のある児童、精神に障害のある児童（発達障害者支援法所定の発達障害児を含む）が対象になります。

■ 障害者福祉について定めるさまざまな法律

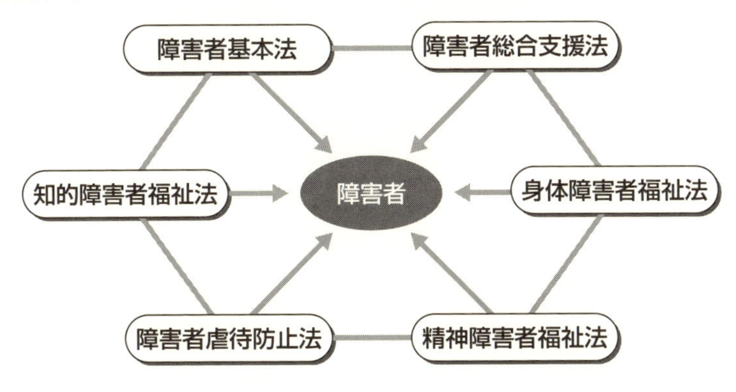


※他にも発達障害者支援法や児童福祉法などの法律がある

**障害者総合支援法では難病患者も障害者に含まれるということですが、難病とは具体的にどんな病気なのでしょうか。**

A 障害者総合支援法では、一定の難病患者も障害者や障害児の対象者として扱われます。難病患者とは、治療方法が確立していない疾病や特殊な疾病に罹っている者です。

難病患者として認められる具体的な疾患として、関節リウマチ、スティーヴンス・ジョンソン症候群、パーキンソン病、骨形成不全症、筋ジストロフィー、ダウン症候群など332疾病が指定されています（平成28年９月現在）。その一方で、かつては対象に含まれていた肝内結石症、メニエール病、ギラン・バレ症候群など一定の疾病については制度改正を経て現在では対象外とされています。

難病等による障害の程度が、「特殊の疾病による障害により継続的に日常生活又は社会生活に相当な制限を受ける程度」と認められる場合に、障害者総合支援法の障害者として扱われることになります。難病患者に該当するかどうかの判断は、個々の市区町村で行われます。難病患者等に対する障害支援区分の調査や認定は、障害者に対して実施している現行の調査項目や基準等で行いますが、難病患者であることをふまえて認定調査が行われます。具体的には、居住する市区町村の担当窓口で、対象疾患を患っていることがわかる証明書（診断書や特定疾患医療受給者証など）を提出して支給申請します。

対象疾患の患者は、身体障害者手帳の所持の有無にかかわらず、必要と認められた障害福祉サービスの受給や相談支援を利用することができます。

## 発達障害者に対する支援はどうなっているのでしょうか。

A 自閉症や学習障害といった発達障害に対する支援を図るため、発達障害者支援法が成立しています。発達障害者は障害者総合支援法の対象となる障害者に含まれます。自閉症の症状である言葉の発達の遅れや、学習障害に見られる読み・書き・計算力等の全体的な知的発達の遅れは、個人差との線引きが難しく、従来、支援制度の谷間に置かれ、支援が十分ではない状況でした。そこで、発達障害を「自閉症、アスペルガー症候群その他の広汎性発達障害、学習障害、注意欠陥多動性障害その他これに類する脳機能障害であってその症状が通常低年齢において発現するもの」と明確に定義し、支援の対象であることが明示されました。

支援は全国に88か所（平成28年９月現在）ある発達障害者支援センターで行われています。

さらに、特別な障害を持った人への支援が都道府県の支援機関（病院・施設・リハビリテーションセンターなど）で行われています。特別な障害には、高次脳機能障害や強度行動障害などがあります。

高次脳機能障害とは外傷性脳損傷、脳血管障害などにより脳に損傷を受け、記憶障害などの後遺症が残っている状態を意味します。強度行動障害とは、自分の身体を傷つけたり、他者の身体や財産に害を及ぼすなどといった行動上の問題をかかえた障害のことです。

発達障害を早期に発見するための制度も設けられています。市町村は乳幼児や就学児に対して健康診断を行い、発達障害の早期発見に努めています。また、市町村は発達障害児の保護者に対して発達障害者支援センターの紹介やその他の助言を行います。

# 2 障害者総合支援法に基づく支援について知っておこう

自立支援給付と地域生活支援事業が支援の柱

## ◉ 自立支援給付の内容

障害者総合支援法が定める障害者への福祉サービスは、自立支援給付と、地域生活支援事業に大きく分けられます。

**自立支援給付**とは、在宅で利用するサービス、通所で利用するサービス、入所施設サービスなど、利用者へ個別給付されるサービスのことです。自立支援給付には、介護給付費、訓練等給付費、特定障害者特別給付費（補足給付）、計画相談支援給付費、補装具費、高額障害福祉サービス等給付費、地域相談支援給付費、療養介護医療費、自立支援医療費、があります。

障害者福祉サービスにおいて中心的な役割を果たしているのが**介護給付費**と**訓練等給付費**です。介護給付費や訓練等給付費は、サービスの給付を希望する人が市区町村に申請します。申請を受けた市区町村は、障害支援区分の認定と支給要否の決定を行います。支給することが妥当であると市区町村から認定されると、サービスを受ける本人が、都道府県の指定した事業者の中から選んだ事業者と契約を結んで、サービスを受けることができます。

自立支援給付を行うのは市区町村ですが、費用の面では国が50％、都道府県が25％を義務的に負担することになっています。

## ◉ 介護給付費の内容

介護給付費は自立支援給付のひとつで障害福祉サービスを受けるために必要な費用を支給する制度です。

介護給付は日常生活に必要な介護の支援を提供するサービスで、

障害の程度によってその対象者が決定されます。居宅介護、重度訪問介護、同行援護、行動援護、療養介護、生活介護、短期入所、施設入所支援、重度障害者等包括支援を利用した場合に介護給付費が支払われます。居宅介護や重度訪問介護など、各サービスの具体的な内容については49～62ページを参照してください。

申請した者の支給が決定されていない期間に前述のサービスを受けた場合は、障害者総合支援法に基づき特例介護給付費が支給されることになっています。

なお、以前は、介護給付のひとつとして障害支援区分２以上の人を主な対象とした共同生活介護（ケアホーム）というサービスがあったのですが、サービスの内容について訓練等給付の共同生活援助と共通する部分があったため、平成26年４月から共同生活援助に一本化されています。

## ◉ 訓練等給付費の内容

訓練等給付費は、介護給付と同様に障害福祉サービスを受けるために必要な費用を支給する制度です。訓練等給付とは、日常生活や社会生活を営むために必要な訓練等の支援を提供するサービスで、定められたサービス内容に適合していれば支給対象になります。自立訓練（機能訓練・生活訓練）、就労移行支援、就労継続支援、共同生活援助を受けた場合に訓練等給付費が支給されます。申請後、支給決定の前にサービスを受けた場合には特例訓練等給付費が支給されます。介護給付費と訓練等給付費のサービスの具体的内容は次ページ図の通りです。

## ◉ 地域生活支援事業の内容

**地域生活支援事業**とは、障害者をとりまく地域の地理的な条件や社会資源の状況、及び地域に居住する障害者の人数や障害程度などに応じて、必要な支援を柔軟に行う事業です。地域生活支援事業の実施主体は基本的に市区町村ですが（19ページ）、広域的なサポートや人材育成など、一部は都道府県が主体となります（21ページ）。

地域生活支援事業を行うにあたってかかる費用については、市町村の行う地域生活支援事業については市町村が25％を負担し、国が50％、都道府県が25％を補助します。一方、都道府県の行う地域生活支援事業については国が50％以内で補助することができます。

## ◉ 障害福祉サービスを提供するのは市区町村なのか

現在の制度では、原則として障害者にとって身近な市区町村にサービスの提供主体が一元化されています。ただし、都道府県が主体となってサービスを提供しているものもあります。

まず、障害者福祉サービスのうち、介護給付費の給付、自立支援医療費の給付、市町村地域生活支援事業の策定、市町村障害福祉計画の策定などは市区町村の役割です。

次に、育成医療と精神通院医療に関するサービスや、障害福祉サービス事業者の指定、障害者介護給付費不服審査会の設置など

### ■ 介護給付と訓練等給付に含まれるサービス

**介護給付**

- 居宅介護
- 重度訪問介護
- 同行援護
- 行動援護
- 療養介護
- 生活介護
- 短期入所
- 重度障害者等包括支援
- 施設入所支援

**訓練等給付**

- 自立訓練
（機能訓練・生活訓練）
- 就労移行支援
- 就労継続支援
- 共同生活援助

は都道府県の役割です。これに加えて、都道府県は、障害者福祉サービスを提供する事業者に対しての指導・監督を行う権限を有します。そのため、事業者が虚偽の事実を報告するなど不正な手段によって事業者の指定を受けた場合や、事業者が障害者福祉サービスに関して不正を行っていたことが発覚した場合には、都道府県は指定の効力を取り消すという措置をとることができます。

つまり、福祉サービスを行うのは基本的には市区町村ですが、サービス事業者に対する指導・監督や広域・専門的な支援や人材育成といった事業は都道府県が行うことになります。

### ■ 障害者に対する市区町村・都道府県の支援

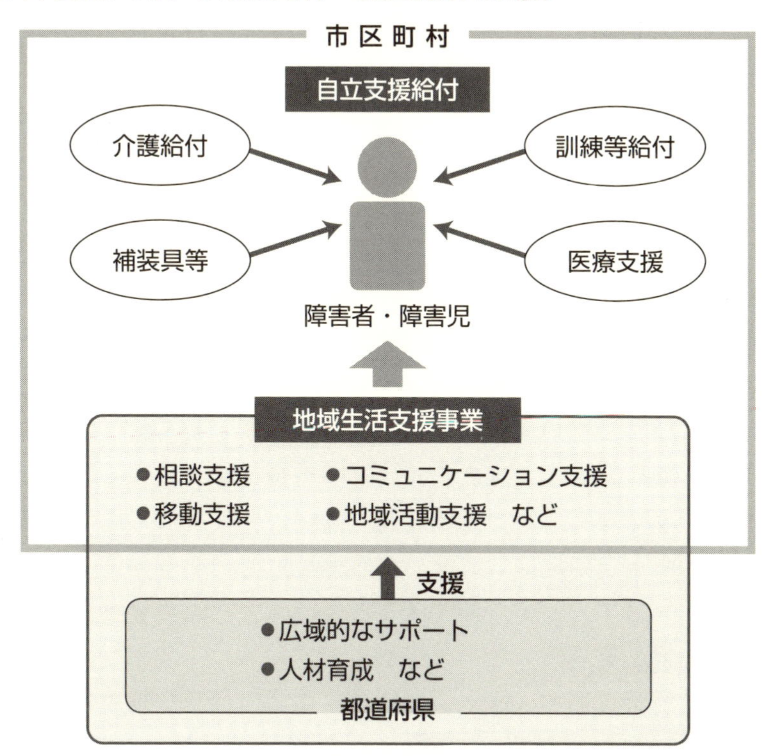

## ◉ 障害者が安心して暮らせるようにするための計画が立てられる

**障害福祉計画**とは、障害者が地域で安心して暮らし、当たり前に働ける社会を実現していくために、障害者総合支援法に基づいて、障害福祉サービス等の提供体制の確保のために国が定める基本指針に即して、市区町村・都道府県が作成する計画です。

障害福祉計画は、市区町村の計画を都道府県の計画へ反映させ、都道府県の計画を国の障害者福祉プランの策定に反映させるためのものとして位置付けられています。

平成27年度を初年度とする第４期計画では、国の基本指針の見直しが行われると共に、「障害者総合支援法」の施行をふまえ、①福祉施設から地域生活への移行推進、②精神科病院から地域生活への移行推進、③地域生活支援拠点等の整備、④福祉から一般就労への移行促進を成果目標として活動指標が定められています。また、障害児支援体制の整備や人材の確保・養成についても盛り込まれています。

市区町村の定める障害福祉計画（市町村障害福祉計画といいます）には、①障害福祉サービス、相談支援及び地域生活支援事業の提供体制の確保に係る目標に関する事項、②各年度における指定障害福祉サービス、指定地域相談支援又は指定計画相談支援の種類ごとの必要な量（サービスの件数）の見込み、③地域生活支援事業の種類ごとの実施に関する事項などが定められています。

都道府県の障害福祉計画には、①障害福祉サービス、相談支援及び地域生活支援事業の提供体制の確保に係る目標に関する事項、②都道府県が定める区域ごとに当該区域における各年度の指定障害福祉サービス、指定地域相談支援又は指定計画相談支援の種類ごとの必要な量（サービスの件数）の見込み、③各年度の指定障害者支援施設の必要入所定員総数、④地域生活支援事業の種類ごとの実施に関する事項などが定められます。

# 3 地域生活支援事業について知っておこう

多くは市区町村が行うが、一部の広域的な支援は都道府県が行う

## ◉ 地域支援事業とは

**地域生活支援事業**とは、地域に居住する障害者に対して障害程度などに応じて必要な支援を行う事業です。多くは市区町村によって行われますが、一部の広域的な支援は都道府県によって行われます。

## ◉ 市町村が行う地域支援事業

必ず実施しなければならない必須事業と任意に行うことができる任意事業があります。

市町村の必須事業には、①理解促進研修・啓発事業、②自発的活動支援事業、③相談支援事業、④成年後見制度利用支援事業、⑤成年後見制度法人後見支援事業、⑥意思疎通支援事業、⑦日常生活用具給付等事業、⑧手話奉仕員養成研修事業、⑨移動支援事業、⑩地域活動支援センター機能強化事業があります。市町村が行う地域生活支援事業の主な事業内容は、以下の通りです。

**・相談支援**

障害者や障害者の保護者などからの相談に応じて、市町村は障害者支援について必要な情報を提供しています。

**・手話通訳派遣などのコミュニケーション支援**

視覚や聴覚に障害があるために通常の人よりコミュニケーションがとりにくくなっている人を支援する事業のことです。

**・日常生活用具の給付**

障害者が自立した生活を営むために用具を給付、または貸し出

しを行う事業です。

**・移動支援**

障害者が屋外での移動を円滑に行えるように、障害者のニーズに応じてサポートする事業です。具体的な支援の方法としては、障害者に対して個別に対応する個別支援型、複数の者が同じ目的で移動する際に行うグループ支援型、バスなどを巡回させて送迎支援を行う車両支援型などがあります。

**・地域活動支援センター事業**

地域活動支援センターとは、障害者に社会との交流を図る機会や生産活動を行う機会を提供するための施設です。障害を持つ人が地域で自立して生活をすることを可能にするために、利用者や地域の状況に応じて柔軟に事業を運営していくことを目的としています。地域活動支援センターを通じて、障害者は自立した日常生活や社会生活を送る上での援助を受けることができます。

**・成年後見制度利用支援事業**

精神上の障害によって判断能力が不十分な人のために、市町村が行う成年後見制度の利用を支援する事業に対して、助成を行うことによって、成年後見制度の利用を促す事業です。

## ■ 支援事業について

**市町村の支援事業**

・相談支援
・市町村に基幹相談支援センターを設置
・成年後見制度利用支援事業
・地域活動支援センター
・日常生活用具の給付
・移動支援
・手話通訳などコミュニケーション支援
など

**都道府県の支援事業**

・相談支援体制整備事業
・相談支援事業
・福祉ホーム事業
・情報支援事業
・障害者ＩＴ総合推進事業
など

## ◉ 都道府県が行う地域生活支援事業

都道府県は、障害者を支援する事業の中でも専門的知識が必要とされる事業や、市町村ごとではなく広域的な対応が必要な事業を実施しています。市町村事業と同様に、都道府県事業についても必須事業と任意事業があります。必須事業としては、以下の事業があります。

**・専門性の高い相談支援事業**

発達障害者やその家族に対しての相談支援、高次脳機能障害に対する人材育成や情報提供・啓発活動、障害者が自立して職業生活を送ることができるようにするための雇用促進のための活動といった事業です。

**・人材の養成・研修、事業**

手話を使いこなすことができる者の育成、盲ろう者向け通訳や介助員の養成、障害者福祉サービスの管理を行う者の養成などを行います。

**・専門性の高い者の派遣・連絡調整事業**

手話通訳者、要約筆記者、触手話、指点字を行う者の派遣、市町村相互間での連絡調整に関する事業です。

**・広域的な支援事業**

市町村域を越えて広域的な支援を行います（相談支援体制整備事業）。具体的には、地域のネットワークの構築、専門知識を必要とする障害者支援システムの構築に関する助言、広い地域にまたがって存在している課題の解決のための支援などがあります。

また、精神障害者の地域移行・生活支援の一環として、アウトリーチ（多種職チームによる訪問支援）を行うと共に、アウトリーチ活動に関して関係機関との広域的な調整などを行います（精神障害者地域生活支援広域調整等事業）。

## Q 相談支援事業とはどんなものなのでしょうか。

A 障害者を対象とした福祉サービスを受けようとしても、どのようなサービスがあるのかをすべて把握することは簡単ではありません。また、サービス内容を把握することができたとしても、実際に各障害者にとってどのサービスが最適であるのかを判断するためには、さまざまな知識が必要になります。そのため、障害者支援サービスについては、適切な情報提供がされることや、サービス選択のためのサポート体制が整っている必要があります。そこで、障害者や障害者の保護者などからの相談に応じて、市町村は障害者支援について必要な情報を提供しています。これが相談支援事業になります。

相談支援事業の具体的な内容としては、まず市町村は障害者からのさまざまな相談に応じます。その相談をもとに、障害者に対して必要な情報の提供、その障害者にとって必要だと考えられる障害者支援事業の紹介などを行います。また、障害者に対する虐待の相談を受けた場合には、障害者の保護も行います。なお、悩みを持つ障害者やその家族同士が集まり、お互いに話し合ったり情報交換することを目的とした集団カウンセリング（ピアカウンセリング）を実施することもあります。

相談支援専門員は、障害者からのさまざまな相談を受け付け、助言や連絡調整と行った支援を行う他、障害福祉サービスの利用に必要なサービス等利用計画を作成する、いわば介護保険制度でいうケアマネジャーのような存在です。サービスが開始されると、一定期間ごとにモニタリング（43ページ）が行われます。その際、心身の状況や生活環境の変化を見極め、必要に応じて計画の見直しが行われます。

**●地域自立支援協議会や基幹相談支援センターの役割**

相談支援事業の実施にあたっては、地域自立支援協議会を設置して、関係機関の連携の強化を図っています。相談支援事業を効率的に実施するためには、地域の中で障害者支援についての情報交換をすることが必要ですが、地域自立支援協議会は関係機関相互に情報を共有させるという役割を担っています。利用者のニーズに対応するために、機関同士をネットワーク化し、必要な情報をもとに支援を行います。市町村は、必要に応じて他の市町村と連携して相談支援事業を実施することもできます。

また、地域自立支援協議会を通じて、保健・医療・福祉・教育・労働などのさまざまな分野がそれぞれどのような専門性を有しているかについての認識の共有化を図ります。

さらに、市町村は、相談支援事業をはじめとする事業を総合的に行うための基幹相談支援センターを設置することもできます。基幹相談支援センターは、地域における相談支援サービスの中で中心的な役割を担います。具体的には、専門的職員（社会福祉士、保健師、精神保健福祉士など）を配置して、地域の相談支援事業者に専門的な指導や助言を行ったり、研修会や事例検討会などを開催して人材育成の支援を行います。

なお、障害者支援事業や基幹相談支援センターの業務については、市町村が一般相談支援事業または特定相談支援事業（基本相談支援と計画相談支援の両方を行う事業のこと）を行うことができる事業者に委託することもできます。

## ■ 相談支援事業のしくみ

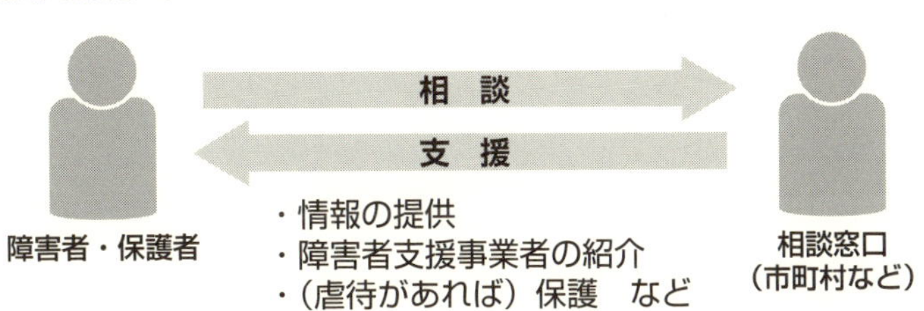

**成年後見制度利用支援事業とはどんなものなのでしょうか。自治体によって取扱いが違うのは本当でしょうか。**

判断能力が不十分な人を支援するのが成年後見制度利用支援事業です。この事業を行っていない自治体もあります。

成年後見制度の利用を促進するために、厚生労働省は、成年後見制度利用支援事業を開始しています。

成年後見制度利用支援事業とは、精神上の障害によって判断能力が不十分な人のために、市町村が行う成年後見制度の利用を支援する事業に対して、助成を行うことによって、成年後見制度の利用を促す事業です。この事業をとり入れるかどうかについては、各自治体の判断にまかされています。したがって、この事業自体をとり入れていない自治体もあります。

成年後見制度利用支援事業は、厚生労働省が実施しているものですが、事業を具体的に行うのは各市町村です。この事業の具体的な支援内容は、成年後見の申立てにかかる経費や、成年後見人等に支払う報酬の全部または一部の助成です。判断能力が不十分な人が適切な福祉サービスの提供等を受けるためには、必要な契約を結ぶために、成年後見制度を利用できることが大きな意味を持ちます。経済的理由などによって、成年後見制度の利用が妨げられることがないように、成年後見制度の利用にかかる費用を補助することが、成年後見制度利用支援事業の最大の目的だといえます。

成年後見制度利用支援事業の対象となるのは、①市町村長による後見等の開始の審査請求を行うことが必要と認められる人、②障害福祉サービスを利用している、あるいは利用しようとしている身寄りのない精神上の障害を持つ人、③成年後見制度を利用するために必要な費用について、その全額あるいは一部の補助を受けなければ利用が難しいと認められる人、です。

## 意思疎通支援事業とはどんな事業なのでしょうか。

A 障害者とその他の者の意思疎通の支援を行う者の養成・派遣などを行う事業です。具体的には、聴覚、言語機能上、他人と意思疎通を図るのに支障がある障害者のために、手話通訳者や要約筆記者の派遣を行います。また、点訳、代筆・代読などの方法により、障害者同士はもちろん、その他の健常者との意思疎通をサポートするための事業を行っています。

障害者総合支援法の施行に伴って、「コミュニケーション支援事業」と呼ばれていた名称が、「意思疎通支援事業」に変更されました。それと同時に、意思疎通支援を強化するために地域生活支援事業の必須事業も追加されました。市町村においては、意思疎通支援を行う者の養成、都道府県においては、特に専門性の高い支援を行う者の養成・派遣、派遣に係る市町村相互間の連絡調整等広域的な事業が追加され、それまで曖昧だった市町村と都道府県の役割分担も明確化されました。

従来は、手話を用いることができる者や、筆記を行うことができる者を障害者のもとに派遣することが事業内容でしたが、「障害者基本法」で手話が言語に位置付けられたことなどを背景として、コミュニケーションという双方向の支援だけでなく、一方通行の意思伝達も支援の対象になりました。聴覚、言語機能、音声機能、視覚機能の障害者だけでなく、失語症、高次脳機能障害、知的・発達障害者、ALSなどの難病患者も対象となり、意思疎通を支援する手段も手話通訳や要約筆記に限られず、盲ろう者への触手話や指点字、視覚障害者への代読や代筆、重度身の体障害者に対するコミュニケーションボードによる意思の伝達など幅広く解釈できるように改正されています。

## 日常生活用具給付等事業ではどんな給付を受けることができるのでしょうか。

A 入浴補助用具や意思疎通支援用具が給付されます。

障害者が日常生活を送るために、障害の種類に応じて用具が必要になることがあります。このようなニーズに応えて、障害者が自立した生活を営むために用具を給付する事業のことを日常生活用具給付等事業といいます。給付する日常生活用具は、①安全で実用性があり、簡単に使用できる物であること、②障害者の自立と社会参加を促進する物であること、③用具の開発に障害に対する専門知識や専門技術が必要で、日常生活品として普及していない物である、という条件を満たす用具です。

日常生活用具給付等事業により、障害者に給付・貸与される主な用具は、下図のようになっています。給付を受けるためには、障害者が市町村長に申請し、市町村の給付決定を受ける必要があります。もっとも、市町村により申請手続の詳細や、給付される用具の上限額・品目・自己負担額の割合などが異なりますので、あらかじめ市町村窓口で、自己負担額等を調べておくことが必要です。

### ■ 障害者に給付・貸与される主な用具

| 種類 | 主な用具 |
|---|---|
| 介護・訓練を支援する用具 | 入浴担架・特殊寝台・訓練イス・特殊尿器 |
| 自立生活支援用具 | 入浴補助用具・頭部保護帽・棒状の杖・聴覚障害者用屋内信号機 |
| 在宅療養等支援用具 | 電気式たん吸引器・盲人用体温計・酸素ボンベ運搬車・透析液加温器 |
| 意思疎通支援用具 | 点字器・盲人用時計・視覚障害者用携帯レコーダー |
| 排泄管理支援用具 | ストーマ用装具 |

## 障害者総合支援法の居住サポート事業とはどんな事業なのでしょうか。

賃貸住宅への入居が困難な障害者を対象に、入居の支援を行っています。

通常、賃貸住宅に入居しようとするときには、保証人を立てる、保証金や敷金を支払うといったことを求められることが多いのが現状です。安定した収入や就職につながる資格を持っている人であれば、賃貸住宅への入居の際にそれほど困ることはないのですが、精神障害者や知的障害者など障害を持っている人の場合、「保証人がいない」などの理由で入居先がなかなか見つからないという問題が起こる可能性が高くなります。そこで、障害者総合支援法でも障害者の地域での居住を支援するさまざまなサービスを提供しています。

たとえば、市町村の地域生活支援事業では、住宅入居等支援事業（居住サポート事業）が設定されています。この事業は、賃貸借契約による一般住宅への入居を希望しているものの、保証人がいないなどの理由によって入居が困難になっている障害者を対象としており、市町村もしくは市町村から委託を受けた指定相談支援事業者が実施主体となっています。具体的には、不動産業者に対する障害者への物件あっせんの依頼や、入居手続きの支援、家主等に対する相談・助言、入居後の相談窓口を設けるなどの支援が行われています。

また、精神障害者等にとっては必須になる入居後の支援として24時間支援と呼ばれる支援があります。これは夜間を含め、緊急な対応が必要になる場合に備えて、迅速に必要な治療などが受けられるように医療機関との連携・調整を行う事業です。家族等への必要な連絡体制の整備にも取り組んでいます。

## 地域活動支援センターの活動について教えてください。

障害者が社会との交流を図り、生産活動を行うための活動をしています。

市区町村の行う地域生活支援事業として、これまで見たものの他に地域活動支援センターにおける活動があります。

地域活動支援センターとは、障害者に社会との交流を図る機会や生産活動を行う機会を提供するための施設です。たとえば東京都の江戸川区では、「地域活動支援センターえどがわ」という施設が設置されており、各自治体の障害福祉担当窓口に問い合わせてみるとよいでしょう。地域活動支援センターを通じて、障害者は自立した日常生活や社会生活を送る上での援助を受け、社会との交流を図り、生産活動を行うことができます。

地域活動支援センターにおける活動はⅠ型からⅢ型まで３つに分けることができます。

地域活動支援センターⅠ型は、地域住民ボランティアの育成、専門職員の配置による医療、地域との連携強化のための調整、障害に対する理解を促進するための啓発活動を行うことを内容とした事業です。地域活動支援センターⅡ型は、地域の中での就職が困難な在宅の障害者に対して、機能訓練や社会適応訓練など自立を促すための事業を行います。地域活動支援センターⅢ型は、地域の障害者が通うことのできる小規模作業所に対する支援を行う事業のことをいいます。事業の実績が５年以上の作業所に対する支援を行います。

地域活動支援センターは、障害者本人などの意思や人格を尊重して、利用者の人権を擁護し、虐待などを防止するために、責任者を設置するなど必要な体制の整備を行うと共に、職員に対し、必要な研修等を実施することが求められています。

# 4 障害福祉サービスと介護保険サービスの関係について知っておこう

両制度に共通するサービスについては介護保険制度を優先する

## ◉ 介護保険とは

たとえば、身体に障害を負った高齢者に介護が必要になるケースなど、障害者総合支援法の支援と介護保険の支援の両方を受給できると思われるケースがあります。

そもそも**介護保険**とは、加齢により介護を要する状態になった場合に安心して日常生活を送れるように医療や福祉のサービスを行う制度です。介護保険制度の保険者は市区町村で、国や都道府県、そして協会けんぽなどの医療保険制度により包括的に支えられながら運営を行っています。具体的には、サービスの提供を行う基準となる要介護認定や保険料を徴収する他、実際に給付する介護サービスを決定し、給付するなど、介護保険制度の運営上でメインとなる役割を担っています。

介護保険の被保険者には、第１号被保険者と第２号被保険者の２種類があります。65歳以上の人は、第１号被保険者となります。一方、第２号被保険者は、40 ～ 64歳で医療保険に加入している人とその被扶養者が対象です。医療保険に加入している人やその被扶養者が40歳になると、自分の住んでいる市区町村の第２被保険者となります。第２号被保険者で介護保険の給付を受けることができるのは、第１号被保険者とは異なり特定疾病によって介護や支援が必要となった場合に限られます。特定疾病は介護保険法施行令で列挙されており、代表的なものとして末期ガンや脳血管疾患（脳梗塞など）があります。65歳未満でも特定疾病に該当して介護が必要になった場合には介護保険のサービスを受けることができます。

## ◉ 要支援と要介護

介護保険は、要支援あるいは要介護の認定を受けた人だけが介護保険の給付を受けることができるしくみになっています。

要支援者とは要支援状態にある人で、要介護状態にある人が要介護者です。要支援状態とは、社会的支援を必要とする状態を指します。具体的には、日常生活を送る上で必要となる基本的な動作をとるときに見守りや手助けなどを必要とする状態のことです。要支援者は、要支援状態の度合いによって、要支援１と要支援２に分類されます。要介護状態とは、日常生活を送る上で必要となる基本的な動作をとるときに介護を必要とする状態です。

要介護の場合には、介護が必要な状態の程度によって、「要介護１」から「要介護５」までの５段階に分かれています。

## ◉ 利用できるサービス

要介護１～５の認定を受けた人は介護給付、要支援１～２の認定を受けた人は予防給付のサービスを受けることができます。

サービスは大きく分けると居宅・施設・地域密着型サービスに分類できます。支援を受けるためのケアプランの作成については、居宅介護支援・介護予防支援のサービスを利用します。なお、要介護認定で「非該当」であっても地域支援事業のサービスを利用することは可能です。

要介護の人が利用できるサービスは、在宅サービスと施設サービス、地域密着型サービスです。一方、要支援の認定を受けた人が利用できるサービスは、在宅サービスと地域密着型サービスの一部で、施設サービスは利用できません。

在宅サービスには、訪問・通所介護、訪問入浴介護、訪問看護、といったものがあります。予防給付の各メニューの内容は、要介護の人が受ける在宅サービスとほぼ同じですが、予防給付のサービスを利用できる場所は、通所サービスが中心になります。ただし、通所サービスを利用することが難しい場合には、訪問サービスが認められます。

## ■ 要支援・要介護状態

| | 要介護認定等基準時間 |
|---|---|
| 要支援1 | 25～32分未満の状態<br>25～32分未満に相当すると認められる状態 |
| 要支援2 | 32～50分未満の状態<br>32～50分未満に相当すると認められる状態 |
| 要介護1 | 32～50分未満の状態<br>32～50分未満に相当すると認められる状態<br>要支援2に比べ認知症の症状が重いために排泄や清潔保持、衣服の着脱といった行為の一部に介助が必要とされる |
| 要介護2 | 50～70分未満の状態<br>50～70分未満に相当すると認められる状態<br>1日に1回は介護サービスが必要となる状態の人が認定される |
| 要介護3 | 70～90分未満の状態<br>70～90分未満に相当すると認められる状態<br>1日に2回の介護サービスが必要になる程度の要介護状態 |
| 要介護4 | 90～110分未満の状態<br>90～110分未満に相当すると認められる状態<br>1日に2、3回の介護サービスが必要となる程度の要介護状態 |
| 要介護5 | 110分以上ある状態<br>110分以上に相当すると認められる状態<br>日常生活を送る上で必要な能力が全般的に著しく低下しており、1日に3、4回の介護サービスを受ける必要がある状態 |

※要介護認定等基準時間は、1日あたりに提供される介護サービス時間の合計がモデルとなっています。基準時間は1分間タイムスタディと呼ばれる方法で算出された時間をベースとしています。1分間タイムスタディとは、実際の介護福祉施設の職員と要介護者を48時間にわたって調査し、サービスの内容と提供にかかった時間を1分刻みに記録したデータを推計したものです。

要支援の人の状況が悪化して要介護の認定を受けた場合、提供されるサービスは介護給付に変更されます。予防給付の多くのメニューには介護予防という名称がついていますが、提供されるサービス内容は基本的には要介護者が受けるものとあまり違いはありません。ただ、そのサービスを提供する目的が要介護者の場合とは異なり、介護状態の予防と現状の改善に向けられています。

介護保険施設は、原則として在宅で介護を受けることができない状態になった場合に利用が考えられるサービスです。介護保険施設には①指定介護老人福祉施設（特別養護老人ホーム）、②介護老人保健施設、③指定介護療養型医療施設の３種類があります。

指定介護老人福祉施設は、寝たきりの人や認知症が進んでいる状況の人など、在宅で生活することが難しい状態にある人を対象とした施設で、原則として「要介護３以上の高齢者」である人が対象です。介護老人保健施設は、医療的な視野から介護サービスを提供する一方で、機能訓練なども行い、入所している要介護者が自宅で生活できる状況をめざす施設サービスです。指定介護療養型医療施設は、介護サービスも提供する医療施設です。

## ◉ 介護サービスと障害福祉サービスは両方受けられるのか

介護保険制度と障害者福祉制度の関係について、現在の制度では両制度に共通するサービスについては介護保険制度を優先し、介護保険制度にないサービスについては障害者福祉制度を適用する、というしくみが採られています。ただし、一律に介護保険サービスを優先させるのではなく、利用者の状況に応じて柔軟な対応ができるようになっています。

## ◉ 介護保険のサービスを利用するためにどんな手続きが必要か

介護保険のサービスを利用するには、まず、認定を希望する本人、あるいは家族などが、市区町村の窓口で申請の手続きを行います。申請後、市区町村の介護保険を担当する職員が申請した家庭を訪問し、本人への質問などを行います。これを認定調査といいます。また、市区町村は介護保険を受ける本人の主治医に意見書の提出を求めます。認定調査の際に作成された認定調査票と主治医の意見書をもとにコンピュータによる分析が行われ、1次判定が出されます。1次判定では、要介護状態・要支援状態・非該当（要介護・要支援状態にないということ）のいずれかの判定がなされます。その後、介護認定審査会による審査が行われます。これを2次判定といい、2次判定の結果が申請者のもとに通知されます。この通知は、特別の理由がない限り、申請した30日以内に本人に対してなされます。

介護保険のサービスを利用することができるのは要支援あるいは要介護の認定を受けた人だけです。支援の必要度に応じて要支援1～2、要介護1～5の判定が行われます。要介護者または要支援者として認定された場合、通知後、ケアマネジャーの作成するケアプランに沿って、介護事業者と契約し、介護サービスを利用することになります。

### ■ 介護保険のサービスと障害福祉サービスの関係

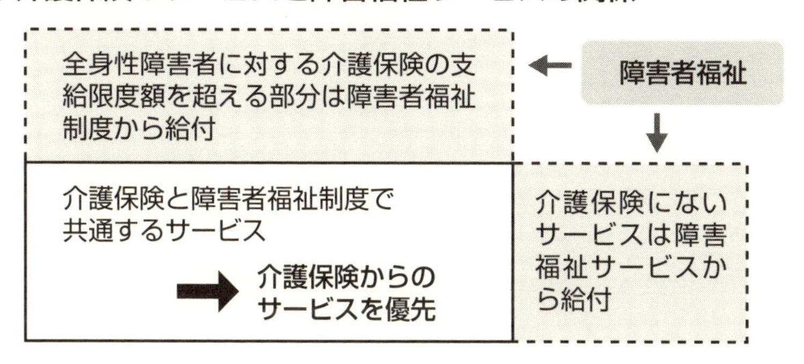

## ■ 予防給付と介護給付の種類

（予防給付）

| | メニュー | |
|---|---|---|
| 在宅サービス | 介護予防訪問介護 | 介護予防訪問入浴介護 |
| | 介護予防訪問看護 | 介護予防訪問リハビリテーション |
| | 介護予防居宅療養管理指導 | 介護予防通所介護 |
| | 介護予防通所リハビリテーション | 介護予防短期入所生活介護 |
| | 介護予防特定施設入居者生活介護 | 介護予防短期入所療養介護 |
| | 特定介護予防福祉用具購入費支給 | 介護予防福祉用具貸与 |
| | 住宅改修 | |
| 施設サービス | 給付なし | |
| 地域密着型 | 介護予防認知症対応型共同生活介護 | |
| | 介護予防認知症対応型通所介護 | |
| | 介護予防小規模多機能型居宅介護 | |
| ケアプラン | 介護予防支援（予防プランの作成） | |

（介護給付）

| | メニュー | |
|---|---|---|
| 在宅サービス | 訪問介護 | 訪問入浴介護 |
| | 訪問看護 | 訪問リハビリテーション |
| | 居宅療養管理指導 | 通所介護 |
| | 通所リハビリテーション | 短期入所生活介護 |
| | 短期入所療養介護 | 特定施設入居者生活介護 |
| | 福祉用具貸与・特定福祉用具購入費支給 | |
| | 住宅改修 | |
| 施設サービス | 指定介護老人福祉施設 | 介護老人保健施設 |
| | 指定介護療養型医療施設 | |
| 地域密着型 | 夜間対応型訪問介護 | 認知症対応型通所介護 |
| | 認知症対応型共同生活介護 | |
| | 地域密着型介護老人福祉施設入所者生活介護 | |
| | 地域密着型特定施設入居者生活介護 | |
| | 小規模多機能型居宅介護 | |
| | 定期巡回・随時対応型訪問介護看護 | 地域密着型通所介護 |
| | 複合型サービス | |
| ケアプラン | 居宅介護支援（ケアプランの作成） | |

※平成 26 年 6 月に成立した医療介護総合確保推進法により、介護予防訪問介護と介護予防通所介護は平成 29 年度末までに介護予防・日常生活支援総合事業へ移行予定

# 第２章

# 障害福祉サービスの内容・費用・利用手続き

## 1 障害福祉サービスの利用手続きについて知っておこう

### 2段階の認定調査を経て障害支援区分が決定する

### ◉ 障害支援区分はどんなことに活用されているのか

**障害支援区分**とは、身体障害者や知的障害者、精神障害者、難病患者等の障害の多様な特性、その他の心身の状態に応じて、必要とされる標準的な支援の度合いを総合的に示す区分のことをいいます。

障害支援区分は、認定調査や医師意見書の内容をもとに、コンピュータによる一次判定、審査会による二次判定を経て判定されます。区分は、「非該当」および「区分１～６」の７段階で構成されています。区分の数字は、大きい数字であるほど、支援を必要としている度合いが大きいことになります。したがって、支援の必要性は、区分６が一番高いということになります。

この７段階の判定結果によって、居宅介護や同行援護、短期入所（ショートステイ）など、障害者が利用できる障害福祉サービスの上限金額や利用時間などが決まるわけです。

なお、障害支援区分の認定を含めた支給決定のあり方や、支援ガイドラインの考え方については、今後の検討課題とされています。各種関連法の改正や平成30年度に予定されている障害福祉サービスの次期報酬改定等に向けて、現在も具体的な改正内容の検討が進められています。

### ◉ 市区町村への申請と認定調査

それでは、具体的に障害者福祉サービスの利用手続きを見ていきましょう。

障害者福祉サービスを利用したい場合は、居住地の市区町村に申請します。相談支援事業者に申請代行を依頼することも可能です。障害者福祉サービスの申請を受けた市区町村は、障害者の心身の状態を把握し、サービスが必要かどうかの**認定調査**を行います。市区町村は、障害者の状況、居住の場所、障害の程度、市町村審査会の意見などを総合考慮して、支給決定案を作成します。この際、利用者の保護者に対して、利用者に対してどのようなサービスを行うのがよいのか聴取が行われます。

認定調査は２段階に分かれています。認定調査員による訪問調査の結果と主治医の意見書の内容をもとにコンピュータによって判定が行われる１次認定調査（１次判定）と、認定調査員による特記事項と主治医の意見書の内容をもとに市町村審査会によって判定が行われる２次認定調査（２次判定）です。２次認定調査（２次判定）まで通ると、ようやく障害支援区分の認定が決定し、申請者へ結果が通知されることになります。

## ■ サービスの利用手続き

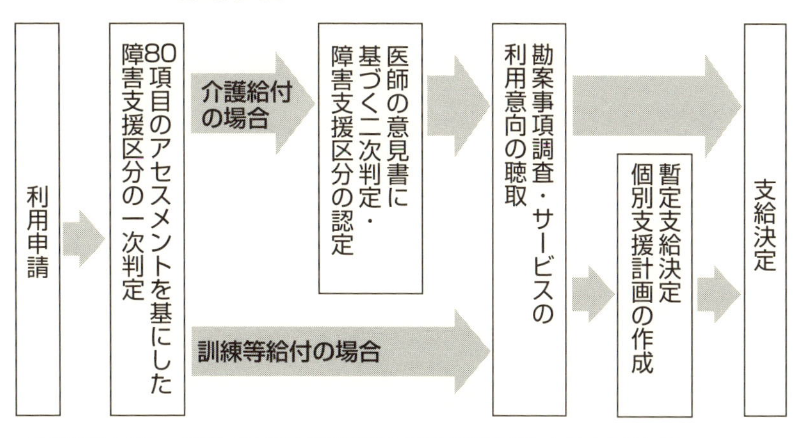


※支給決定の前に、必要に応じて市町村審査会の意見聴取が行われることがある

## ◉ 区分の判定

障害支援区分の決定は、１次判定と２次判定を経て行われます。１次判定では、認定調査項目（80項目）の結果及び医師意見書（24項目）の一部項目をふまえ、判定ソフトを活用したコンピュータ処理が行われます。認定調査項目は、移動や動作等に関する項目、日常生活等に関する項目、行動障害に関する項目、意思疎通に関する項目、特別な医療に関する項目などです。

医師意見書は、まひ、関節の拘縮、生活障害評価などが調査項目になっています。

２次判定は、市町村審査会において行われます。１次判定の結果をもとに、１次では把握できない申請者固有の状況等に関する特記事項及び医師意見書（１次判定で評価した項目は除きます）の内容を総合的に考慮して、審査判定がなされます。その結果、支給が必要であると判断されると、その必要度に合わせた障害支援区分が決定します。

## ◉ 支給決定

無事に支援区分認定が終わると、続いて市区町村による勘案事項調査（社会活動、介護者、居住などの状況についての調査）が行われます。この勘案事項調査に通ると、支給を受ける障害者に対し、サービスの利用意向の調査（聴取）が行われます。なお、訓練等給付のサービスについては、支給の要否を判断するために、一定期間サービスを利用することができます。このことを**暫定支給決定**といいます。

障害者のサービス利用意向の確認がとれると、審査会の意見をもとに、支給の要否を決定します。このようなプロセスを経て、障害福祉サービスが支給されるかどうかが決定されます。支給が決定した障害者には、障害福祉サービス受給者証が交付されます。

## 訓練等給付のサービスを希望する場合の暫定支給決定とはどんな制度なのでしょうか。

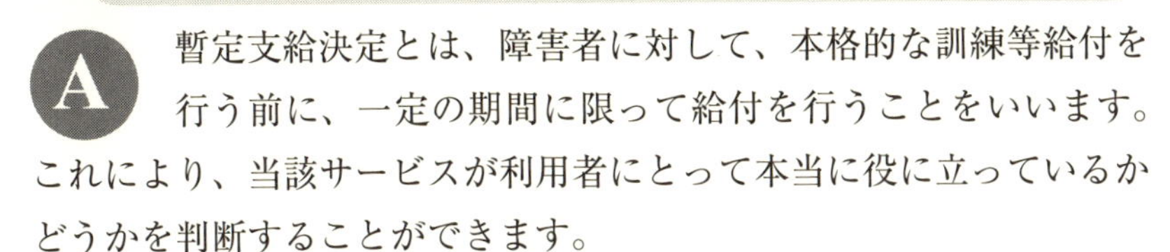

暫定支給決定とは、障害者に対して、本格的な訓練等給付を行う前に、一定の期間に限って給付を行うことをいいます。これにより、当該サービスが利用者にとって本当に役に立っているかどうかを判断することができます。

自立訓練や就労移行支援などのサービスを希望する場合は、まずは一時的な給付をする暫定支給決定が行われます。一定の期間訓練等給付を行い、利用者にサービスを継続して受けていく意思があるのかどうか、最終的な意向を確かめることが目的です。そのサービスが利用者にとって効果的なものであるかどうか、また、適切なサービスであるといえるかどうかといった点を判断することも、暫定支給決定の目的です。

自立訓練（機能訓練と生活訓練）のサービスの必要性については、IADL項目（清掃、選択、入浴、調理、買い物、食事、交通利用）と生活項目（洗顔、整髪、薬の服用、歯磨き）の２つを基準にし、サービスが障害者にとって適切であるかどうかを判断します。障害者自身の利用意思も重要な支給決定基準です。訓練等給付が適切と判断されれば、サービス事業者が利用者個々に対して、訓練期間や目標などを設定し（個別支援計画案）、それに基づいて、本格的に訓練等給付の決定が行われることになります。

暫定段階で支給が適切と認められない場合は、サービス事業者の変更やサービス自体の変更が行われます。暫定支給の期間については、原則として更新は行われません。ただし、暫定支給終了段階で、一定の改善が見られる場合や、再評価の必要があると判断された場合は、暫定支給の期間が延長されることがあります。

# 2 サービスの利用計画を作成する

相談支援事業者に本人・家族の意向を伝えることになる

## ◉ ケアマネジメント制度とはどんな制度なのか

**障害者ケアマネジメント**とは、単に福祉サービスを提供するだけでなく、障害者が自ら望む生活を送れるようにするために、ケア計画を作成した上で福祉・保健・医療・教育・就労などのさまざまなサービスを一体的・総合的に提供することです。

現在の障害福祉サービスは利用者とサービス提供者間での契約制度になっています。利用者のニーズに合わせて、さまざまなサービスから適切なものを選んで活用していくことになり、このような個々の利用者のための福祉サービスのプラン設計や、障害者やその家族への相談支援や補助を行うためケアマネジメント制度が導入されています。市区町村にサービスの利用を申請した場合、徐々にこのようなケア計画を作成していくことになります。

また、サービスの利用計画の作成も相談支援事業に含まれます。障害福祉サービスの効率的な利用のために起案されたケアマネジメントを制度化したものが**計画相談支援給付費**（サービス利用計画作成費）です。ケアマネジメント制度は、障害をかかえている本人の意思をより汲み取ることができるようにするための制度ということができます。

## ◉ サービス利用計画を作成する際の注意点

支給決定の判断が下された場合、**サービス利用計画**を作成します。障害者に対する施設での居住支援や自立訓練といった障害福祉サービスは、事業者として指定を受けたNPO法人などにより提供されます。サービス利用計画とは、障害福祉サービスについてどのような福祉サービスをどのような形で利用するのかをプランニングしたものです。

このサービス利用計画に基づいて、利用者はサービス事業者と契約を結んだり、サービスの提供を受けることになります。サービス利用計画は、個人で作成することもできますが、相談支援事業者に作成を依頼することもできます。相談支援事業者は、障害者やその家族の意向を聞き入れながら、サービス利用計画を作成します。このサービス利用計画を作成依頼する際に、利用者側には費用の負担はありません。サービス利用計画については、市区町村の支給決定後に作成するのではなく、支給決定をするにあたっての判断材料とした方がよいことから、支給決定の前の段階で、サービス利用計画案の作成・勘案が行われます。

また、相談支援事業者は、サービス利用計画以外にも、障害者へのサービス利用のあっせんや、契約の援助などを行っています。障害者のサービスの利用開始後も、障害者宅を訪れてモニタリング（43ページ）を行ったり、引き続き相談や支援を受け付けています。特に、このような障害者に継続的に支援を行う場合、相談支援事業者には計画相談支援給付費などの給付が支払われています。

## ■ 障害者ケアマネジメント制度のしくみ

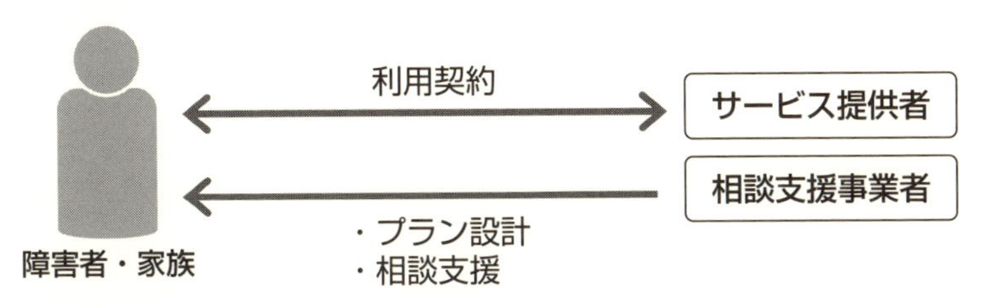

**支給決定や障害支援区分の認定に納得がいきません。申請に不服がある場合にはどうすればよいのでしょうか。**

運営適正化委員会など関係機関に対して申立てをするのがよいでしょう。

介護給付費等の支給に関する障害支援区分の審査や判定は、市町村に設置されている市町村審査会により行われます。障害支援区分は、障害のさまざまな特性・心身の状態に応じて6つの区分が設定され、コンピュータ判定による1次審査の後、2次判定として市町村審査会の判定を経て、市町村から申請者に通知されます。障害支援区分の審査や判定に不服がある場合、行政側の判定に対して不服を申し立てることも可能です。

**・支給決定の判定に対する不服申立て**

支給決定の判定に対する不服申立ては、都道府県に設置されている障害者介護給付費等不服審査会（不服審査会）に審査請求を行います。対象となる処分は、障害支援区分の認定、障害支援区分の変更認定といった障害支援区分に関する処分、支給要否決定や支払決定に関する処分や利用者負担に係る処分です。

障害者等が審査請求をすることができる期間は、原則として、処分があったことを知った日の翌日から起算して3か月以内です。

**・一般的な苦情の受付け**

支給決定以外に、障害福祉サービス一般について不服や苦情に関しては、都道府県の社会福祉協議会に設置されている運営適正化委員会に相談することができます。

**・介護保険制度をあわせて利用している場合**

介護保険制度をあわせて利用している場合、介護保険制度に関する不服申立てについては、介護保険審査会に申し立てます。

**相談支援を行っている事業者ですが、サービスの利用計画はどのように見直していけばよいのでしょうか。**

相談支援専門員が定期的に利用者の状況を確認するという制度です。

障害福祉サービスを利用するにあたっては、サービス等利用計画を作成する必要がありますが、計画作成を指定特定相談支援事業者（87ページ）に依頼すると、担当の相談支援専門員が定期的に「モニタリング」を行います。モニタリングとは、利用者の状況を定期的に確認して計画見直しなどの必要性を検討するもので、その頻度は市町村や利用するサービスの内容によっても異なりますが、最低でも年に１回は実施されます。モニタリング期間は、障害者等の心身の状況・サービス内容などを考慮して定めますが、事業者との頻繁な連絡調整等が必要な場合など、障害者の状態が不安定であれば、期間は短く設定するとよいでしょう。

なお、指定特定相談支援事業者を通さず、自らサービス等利用計画を作成している場合は、モニタリングは実施されません。

### ■ モニタリングのイメージ

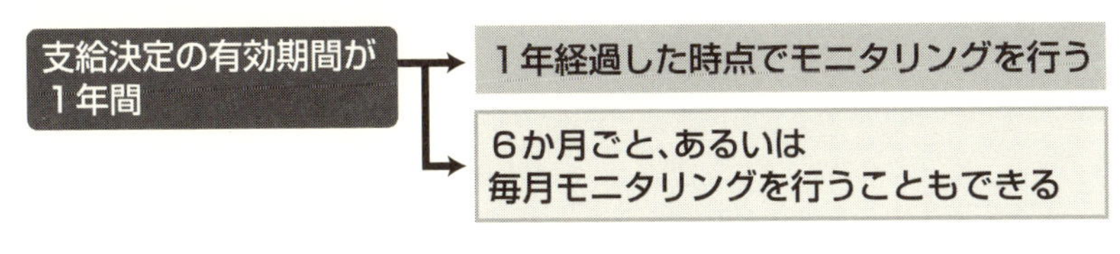

# 3 サービスはどのように利用するのか

利用者は必要なサービスを組み合わせて利用することになる

## ◉ 人によって受けたいサービスは異なる

障害者総合支援法によって受けられるサービスは、サービスの利用方法によって日中活動、居住支援、居宅支援、相談等支援、医療支援、補装具等支援のカテゴリに分けることができます。

実際には、利用者は、これらのサービスの中から必要なものを組み合わせて利用することになります。たとえば、日中は療養介護を利用して夜間は施設入所支援を利用するといった具合です。

それぞれ、介護給付（障害がある人に対する介護の給付のこと。居宅介護や重度訪問介護など）や訓練等給付（リハビリや就労につながる支援のこと。自立訓練や就労移行支援など）、地域生活支援事業（障害者や障害児が自立した地域生活を営むことを支援する事業のこと。移動支援事業や意思疎通支援事業など）などから支援が行われることになります。また、障害をもつ18歳未満の者（障害児）に対しては、児童福祉法による障害児通所支援（児童発達支援、放課後デイサービスなどの必要な支援を受けられる制度のことです）や、障害児入所支援といったサービスが行われます。

## ◉ 自宅で生活支援をしてもらうことはできるのか

**居宅における生活支援**とは、障害者が住みなれた家庭で日常生活を送れるように支援するサービスです。

介護給付による支援で居宅支援に関するサービスには、居宅介護（障害支援区分１以上の障害者や障害児が利用者になります）、重度訪問介護（障害支援区分４以上・二肢以上にまひがある人などが利用者）、同行援護（移動が困難な視覚障害者が利用者）、行動援護（知的障害者や精神障害者が利用者）、重度障害者等包括支援（常時介護が必要な障害者や障害支援区分６以上の意思疎通が困難な者などが利用者）、短期入所（障害支援区分１以上の者が利用者）があります。

地域生活支援事業による支援で居宅支援に関するものには、移動支援事業（介護給付による個別の給付で対応できない複数名の移動や、突発的に必要が生じた場合の移動支援を行うサービス）、日中一時支援事業（一時的に支援が必要となった人に、社会適応訓練、見守り、日中活動の提供、送迎などのサービスを行うもの）、意思疎通支援事業（手話通訳や要約筆記者の派遣、手話通訳の設置支援などを行うもの）があります。

## ◉ 夜間の居住支援をサポートするサービス

**居住支援**とは、入所施設などで夜間に居住する場を提供するサービスのことです。居住支援については、介護給付、訓練等給付、地域生活支援事業から以下の支援が行われます。

まず、介護給付（介護に対する費用の支給のこと）による支援として、施設に入所する人に、入浴や排せつ、食事などの介護を行う施設入所支援があります。訓練等給付（就労につながるような支援のこと）によるものとして、共同生活援助（グループホームを利用する障害者に対しては、共同生活をする賃貸住居で、相談や日常生活上の援助）が行われます。

地域生活支援事業による支援で夜間の居住支援に関するものには、福祉ホーム（障害者に対して低額な料金で居室を提供している施設のことで、民間の事業者が運営しています）による日常生活の支援や、入居後の相談支援を行う居住サポート事業（賃貸借契約による一般の住宅に障害者が入居することを支援する事業）があります。

## ◉ 日中活動を支援するためのサービス

**日中活動**は、入所施設などで昼間の活動を支援するサービスです。介護給付による支援と、訓練等給付による支援及び地域生活支援事業による支援があります。介護給付による支援には、療養介護と生活介護があります。訓練等給付による支援には、自立訓練、就労移行支援、就労継続支援があります。また、地域生活支援事業による支援として、地域活動支援センター機能強化事業による支援があります。

## ◉ 医療支援や用具の支給を受けるサービス

障害をもつ人は以下のような医療支援や用具の貸与・支給サービスを受けることができます。

**・医療支援**

障害の軽減を図り、日常生活や社会生活において自立するために必要な医療を提供する自立支援医療（障害の軽減を図り、日常生活や社会生活を自立して営むために必要な医療が提供されるサービスで、障害者や障害児が利用者）と、療養介護医療（医療の他に介護を受けている場合に、医療費の部分について支給される給付で、常時介護を必要とする身体障害者が利用者）があります。

**・用具の貸与・支給**

日常生活で必要になる用具の購入・修理にかかる費用については、自立支援給付により、補装具費（車いす、義肢、補聴器などのための費用で、身体障害者が対象になります）として支給されます。補装具は購入するのが原則ですが、貸与が適切と考えられる場合（成長に伴って交換が必要となる障害児など）については、貸与も補装具費の支給対象になります（平成30年４月より）。その他、重度の障害がある人は、地域生活支援事業により、市区町村から日常生活に必要な用具のレンタルまたは給付（身体障害者が利用者）を受けることができます。

## ◉ 相談支援のサービスにはどんなものがあるのか

障害により、障害福祉サービスの利用を検討するにしても「多様なサービスの中からどのようなサービスを利用するのが適切か」ということについて利用者が判断するのは容易なことではありません。このような場合に、活用できるのが一般的な相談やサービス利用計画の相談などを行う相談支援のサービスです。

相談支援のサービスにもさまざまなものがあり、障害福祉サービスとしての計画相談支援・地域相談支援と、地域生活支援事業としての相談支援事業があります。地域生活支援事業による支援として、市区町村と都道府県により行われます。市区町村が、障害のある人やその保護者のさまざまな相談に応じ、必要な情報の提供や助言を行います。市区町村自ら行う場合と市区町村から委託を受けた業者によって行われる場合があります。市区町村の枠を超えた相談支援は、都道府県によって行われます。

### ■ 日中活動の支援について

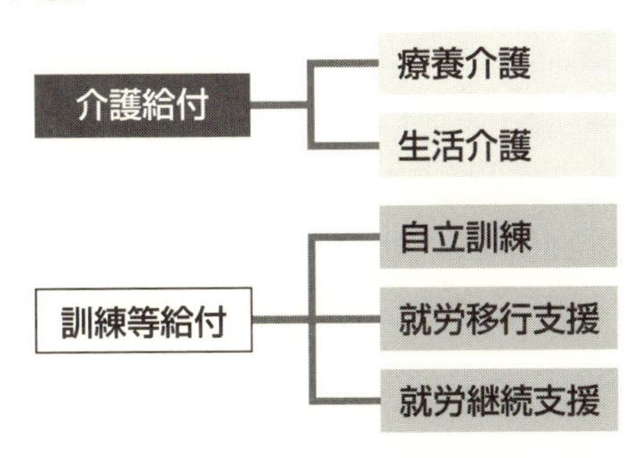

## ■ 障害者へのサービス（介護給付・訓練等給付により行われるもの）

| | |
|---|---|
| 居宅支援 | 居宅介護：身体介護・家事援助・通院等介助・通院等乗降介助を行う |
| | 重度訪問介護：重度の障害者が、自宅で日常生活を営むことができるように、総合的な支援を行うサービス |
| | 同行援護：視覚障害者に同行などを行うサービス |
| | 行動援護：常時介護を必要とする障害者に移動・外出時に必要な援助を行うサービス |
| | 重度障害者等包括支援：重度障害者に対して複数のサービスを包括的に行う支援 |
| | 短期入所：施設で短期間生活する際に受けることのできるサービス |
| 居住支援 | 施設入所支援：施設入所者に夜間を中心に排泄や入浴、食事の世話を行うサービス |
| | 共同生活援助：地域の中で障害者が集まって共同で生活する場を設け、生活面の支援をするサービス |
| 日中活動 | 療養介護：難病患者や重症心身障害者に医療・介護を行うサービス |
| | 生活介護：昼間に施設で介護や生産活動のサポートを行うサービス |
| | 自立訓練（機能訓練）：身体障害者の身体機能の維持回復に必要な訓練を行う |
| | 自立訓練（生活訓練）：知的障害者と精神障害者の生活能力の維持と向上に必要な訓練を行う |
| | 就労移行支援：就労に必要な能力や知識を得るための訓練を行う |
| | 就労継続支援Ａ型：一般企業に就労するのが困難な障害者に行う就労等の機会の提供 |
| | 就労継続支援Ｂ型：雇用契約を結ばずに、就労の機会や居場所を提供し、就労支援を行う |
| 医療支援 | 自立支援医療費：障害の軽減を目的とする医療費の公費負担制度 |
| | 療養介護医療費：医療の他に介護が必要な障害者に支給される |
| 補装具等支援 | 補装具費：義肢、装具、車いすなどの給付についての費用を補助する制度 |
| 相談等支援 | 計画相談支援給付費：サービス等利用計画案の作成・見直し |
| | 地域相談支援給付費：地域の生活に移行できるようにするための支援（地域移行支援）と常時の連絡体制の確保などのサービス（地域定着支援） |

※上表の他、自治体の地域生活支援事業により行われる各種の給付もある
　上表の他、平成28年改正で新たに自立生活援助、就労定着支援のサービスが加わる予定（平成30年4月より）

## 4 自宅での生活を支援するサービスについて知っておこう

### 自宅で生活することを前提としたさまざまなサービスがある

### ◉ 居宅介護とはどんなサービスなのか

**居宅介護**とは、障害をもつ人が住んでいる居宅において受けることのできるサービスで、身体介護、家事援助、通院等介助、通院等乗降介助の4種類があります。身体介護・家事援助は、入浴・排せつ・食事・洗濯・掃除などの援助を通し、対象者の生活を支えるサービスです。通院等介助・通院等乗降介助は、病院・診療所への定期的な通院や公的手続き・相談のため官公署（役所）を訪れる際に利用できるサービスです。車両への乗車・降車の介助、通院先での受診の手続きなどを行います。

居宅介護を利用することができる対象者は、18歳以上の場合は障害支援区分1以上の人で、18歳未満の場合は、身体障害者手帳所持者や精神障害者などの障害児に限られます。65歳以上の人など介護保険の対象者については、介護保険による訪問介護で類似のサービスが受けることができます。なお、対象者が障害児の場合は、ホームヘルパー派遣時に保護者が在宅（通院の場合は同行）していることが必要です。

なお、居宅介護を行う事業所が、質の高いサービスや、中山間地域の居宅者へのサービスを提供した場合は、通常の報酬に加算があります。事業所の経営的判断により、サービスの提供に偏りを生じさせないための配慮といえます。

### ◉ 重度訪問介護とはどんなサービスなのか

**重度訪問介護**とは、重度の障害者が、自宅で日常生活を営むことができるように、総合的な支援を行うサービスです。

重度訪問介護はより重い症状をもつ障害者に対するサービスで、重度の肢体不自由者であって常に介護を必要としている人が対象になります。具体的には、障害支援区分４以上で、なおかつ二肢以上にまひなどがあることなどが条件とされています。

重度の障害をかかえていても、自宅で日常生活を営むことができるよう、身体介護、家事援助、外出時における移動中の介護などの総合的な支援が行われます。重度の障害者の場合、介護の必要な事態がいつ発生してもおかしくないため、ホームヘルパーは長時間にわたって見守りを行う必要があります。そのため、報酬単価も８時間までが基本となっており、居宅介護の３時間と比較するとかなり長めに設定されています。

なお、重度の肢体不自由者に加え、平成26年４月からは重度の知的障害者・精神障害者も重度訪問介護を利用できる対象者になりました。対象者の拡大に伴い、身体介護など直接的な介護だけでなく、自傷・他害行為や集団行動の困難など行動障害にも対応できる必要性があるため、サービス従事者への研修内容も、重度の知的障害者・精神障害者の特性に対応できるように見直しが行われています。

また、平成28年５月に重度訪問介護について、医療機関への入院時も一定の支援ができるようにする法改正が行われました（平成30年４月施行予定）。

## ◉ 同行援護とはどんなサービスなのか

**同行援護**は、もともと類似のサービスが、ガイドヘルパー事業として行われていました。その後、地域生活支援事業のうちの移動支援事業として位置付けられ、平成23年10月に現在の同行援護サービスが開始されました。視覚に障害があることで、移動が困難な障害者が生活できるよう、障害者が外出する際に必要な情報を提供したり、障害者の移動に同行して支援を行います。対象となるのは、小学生以上の身体障害者手帳所持者です。

当該障害者等の外出時に付き添うヘルパーは、移動中や目的地において、移動の介護、排泄、食事の介護、代筆・代読、危険回避のために必要な支援を行います。すべての外出が支援の対象となるわけではなく、「社会生活上必要不可欠な外出」または「余暇活動などの社会参加のための外出」に限られます。「社会生活上必要不可欠な外出」の例としては、不定期な通院、銀行、美容・理容、冠婚葬祭などが挙げられます。通学・通園・通所など、通年かつ長期にわたる外出は対象外です。

なお、介護保険の対象者でも、介護保険サービスの中に無い、「余暇活動などの社会参加のための外出支援」を受ける目的であれば、同行援護を利用できます。

## ◉ 行動援護とはどんなサービスなのか

**行動援護**は、知的障害や精神障害により、常時介護を必要とする障害者に対して、移動する際に生じる危険を回避するために必要な援助や、外出時における移動中の介護などを行うことを内容としています。対象者が起こした問題行動に対処する（制御的対応）だけでなく、対象者が問題行動を起こさないように前もって不安を取り除く措置（予防的対応）も含まれます。

対象になるのは行動上著しい困難を有する人であり、18歳以上の場合は障害支援区分３以上であること、18歳未満の場合は小学生以上であることが条件です。実際の対象者の例としては、統合失調症などを有しており、危険回避などができない重度の精神障害者、てんかんや自閉症などを有する重度の知的障害者、そして自傷・異食・徘徊などの危険を有する人などが挙げられます。

なお、平成26年４月１日施行の「障害者総合支援法における『障害支援区分』への見直し」に伴い、行動援護に関する基準も見直しが行われました。具体的に影響を受けた部分は、認定調査における行動障害の評価が「現在の環境で行動上の障害が現れたかどうかに基づき判断」から「行動上の障害が生じないように行っている支援や配慮、投薬等の頻度を含め判断」に変更された点などです。

## ◉ 重度障害者等包括支援とはどんなサービスなのか

**重度障害者等包括支援**のサービスの対象者は、「常時介護を必要とする障害者であって、意思疎通を図ることに著しい支障がある者のうち、四肢のまひ及び、寝たきりの状態にある者並びに知的障害又は精神障害により行動上著しい困難を有する者」とされています。

重度障害者の場合、多くの介護や支援が必要となるケースが多く、想定していなかったサービスが急に必要となる可能性も高いといえます。そのため、総合支援法の基本である必要なサービスを個々に申し込むという方法はあまり適していません。重度障害者等包括支援のサービスは、対象者が日常生活においてさまざまなサービスを複合的に利用できることを目的としています。このため、居宅介護、同行援護、重度訪問介護、行動援護、生活介護、短期入所、共同生活介護、自立訓練、就労移行支援及び就労継続支援といった複数のサービスが包括的に行われています。

しかし、事業所側にとっては、複数のサービスの提供に加え、急に介護や支援が必要になった場合の緊急の要請にも備えなければならないため、非常に負担の大きいサービスです。そのため、実施事業者数、利用者数共に伸び悩んでいるのが現状です。

## ◉ 短期入所とはどんなサービスなのか

**短期入所**は、通常、自宅での介護サービスを受けている人が、その介護者の病気、冠婚葬祭への出席、公的行事への参加などの理由から、施設で短期間生活する際に受けることのできるサービスのことで、**ショートステイ**とも呼ばれます。利用する理由は、旅行や休息など、普段介護に疲れている家族が安らぐことを目的としたものでもかまいません。介護者が不在となる障害者を、一時的に保護し、必要に応じて排泄、食事、入浴などの介護や支援を行います。

このサービスは、福祉型と医療型に分かれています。まず福祉型は、障害者支援施設などで実施されており、対象となるのは、障害支援区分１以上の障害者、または厚生労働大臣が定める区分における区分１以上に該当する障害児です。そして医療型は、病院、診療所、介護老人保護施設で実施されており、対象者は遷延性意識障害児（者）や重症心身障害児（者）などです。

短期入所サービスを利用できる日数は、各市町村の判断によって決定されます。なお、短期入所は介護者の急用などで突然利用が必要になることも多いため、すぐに利用予定がない場合でも、前もって利用申請をしておくことができます。

### ■ 自宅での生活を支援するサービスとその内容 ……………………

| サービス名 | 内容 |
|---|---|
| 居宅介護 | 居宅における身体介護・家事援助・通院介助など |
| 重度訪問介護 | 重度障害者が自宅で生活するための総合的な支援 |
| 同行援護 | 外出時に必要となる情報の提供や移動同行 |
| 行動援護 | 移動時の問題行動に対する援助・介護 |
| 重度障害者等包括支援 | 寝たきりなどの重度障害者に対し複数のサービスを包括的に行う |
| 短期入所 | 介護者の不在時に一時的に施設で生活する |

# 5 夜間の居住を支援するサービスについて知っておこう

日中のサービスだけでは不足する部分を補う

## ◉ 施設入所支援とはどんなサービスなのか

**施設入所支援**は、施設に入居する障害者に対し、夜間を中心に排泄や入浴、食事といった日常生活の介護や支援、生活に関する相談や助言を行うサービスです。障害者の中でも、特に日中に就労移行支援を利用している人や自立訓練を行っており、かつ夜間の介護を必要とする人を対象とする支援です。「日中に適した訓練が施されるが、その施設には住居機能がない」、逆に、「住居機能があるがその施設では満足な訓練が受けられない」ということになると不都合が生じるケースもあります。施設入所支援は、そのような問題を解決するために作られたサービスです。

具体的な対象者は、生活介護を受けている障害支援区分４以上（50歳以上は３以上）の人、自立訓練、または就労移行支援を受けている人で、施設に入所して訓練を行うことが必要的・効果的であると認められる人、その他やむを得ない事情で通所による訓練が困難な人などです。

利用者は、施設でのサービスを昼のサービスと夜のサービスに分けることで、サービスの組み合わせを選択できます。このサービスを利用する場合には、利用者一人ひとりの個別支援計画が作成され、その計画に沿ってサービスが提供されます。

## ◉ 共同生活援助とはどんなサービスなのか

**共同生活援助**（グループホーム）とは、地域の中で障害者が集まって共同で生活する場を設け、サービス管理責任者や世話人を配置して生活面の支援をするサービスです。主に昼間は就労継続支援や小規模作業所などのサービスを受けている知的障害者や精神障害者を対象としています。つまり、介護サービスまでは必要ないものの、地域の中で１人で生活していくのは難しいという障害者が利用するということです。障害者の場合、親や親族など支援をしていた人が亡くなったり高齢になって支援できなくなることで、生活の場を失う恐れがあります。そのような障害者の受け皿として、グループホームの必要性は高まっています。

グループホームの具体的なサービス内容は、日常生活上必要な相談を受ける、食事の提供、金銭管理、健康管理、緊急時の対応などです。グループホームには居住者10人に対し１人の割合で世話人が配置されており、サービスの提供を行っています。

なお、平成26年４月からは、高齢化等で介護が必要となった障害者が継続して生活できるよう、ケアホームとグループホームが一元化されています。これにより介護が必要な利用者に対しては、内部もしくは外部から個々の計画書に基づいた介護サービスが提供されています。

## ■ 夜間の居住を支援するサービス

| | |
|---|---|
| **施設入所支援** | **【対象：就労移行支援や自立訓練を行っており、かつ夜間の介護を必要とする人】**<br>施設に入居する障害者に対し、夜間を中心に日常生活の介護や支援、生活に関する相談や助言を行う |
| **共同生活援助** | **【対象：昼間は就労継続支援や小規模作業所のサービスを受けている知的障害者や精神障害者等】**<br>障害者が地域の中で集まって共同生活する場を設け、生活面の支援をする |

# 6 日中活動を支援するサービスについて知っておこう

各種サービスにより昼間の生活を支えてもらうことができる

## ◉ 療養介護とはどんなサービスなのか

**療養介護**とは、「障害者総合支援法」で定められた自立支援給付のうち、介護給付に含まれる障害福祉サービスです。難病患者や重症心身障害者が、病院などの医療機関に長期入院して、機能訓練や看護などの医療的ケアと共に、食事や排泄などの介護を受けることができます。療養介護の対象者は、ALS（筋萎縮性側索硬化症）などを患っており、気管切開を伴う人工呼吸器による呼吸管理をしている人で障害支援区分6の人、または筋ジストロフィー患者か重症心身障害者で障害支援区分5以上の人で、いずれの場合も長期入院や常時の介護を必要とする人を対象としています。

療養介護を利用するためには市区町村に申請し、障害支援区分についての認定を受けなければなりません。障害支援区分には有効期間があり、3か月から3年の期間内で期間が決定されます。さらに支給を受けるためには、指定特定相談支援事業者が作成したサービス等利用計画案を提出し、支給決定を受けなければなりません。支給決定の有効期間は1か月から3年の間で決定されます。サービスの利用開始後も、利用者の実情に合ったサービスを提供するため、事業者は1年ごとにモニタリングを行い、利用計画を見直します。支給決定の更新もそれに基づいて決定されます。

## ◉ 生活介護とはどんなサービスなのか

**生活介護**とは、「障害者総合支援法」で定められた自立支援給付付のうち、介護給付に含まれる障害福祉サービスです。昼間に障害者支援施設など適切にサービスを行うことができる施設で、排泄や入浴、食事などの介護や基本的な日常生活上の介護だけでなく、対象者の生産活動や創作活動のサポートも受けられます。施設が提供する生活活動や創作活動の具体例としては、手芸などの自主製品の製作や、パンやクッキーの製造などが挙げられます。生活介護の対象者は、常時の介護を必要とする身体障害・知的障害・精神障害のある人で、障害支援区分３以上の人です。なお、生活介護は施設入所者にも適用され、その場合、障害支援区分４以上の人が対象となります。施設には利用者の障害支援区分に応じて、看護師、理学療法士、作業療法士などが配置されています。

生活介護を利用するためには市区町村に申請し、障害支援区分についての認定を受けなければなりません。障害支援区分の有効期間、支給を受けるための過程、支給決定の有効期間については療養介護と同じです（前ページ）。療養介護と同様にモニタリングが行われますが、療養介護が１年ごとに行われるのに対して、生活介護の場合は、通常６か月ごとにモニタリングが行われます。

### ■ 療養介護と生活介護の違い

| | 療養介護 | 生活介護 |
|---|---|---|
| 給付の種類 | 介護給付 | |
| 利用者 | 医療を要する者であって、かつ、常時介護を必要とし、障害程度が一定以上の障害者 | 常時介護を要する者であって、障害程度が一定以上の障害者 |
| サービス内容 | 療養上の管理や医学的管理の下における介護等 | 入浴、排泄、食事等の介護や生産活動の機会の提供等 |
| 利用期限 | 制度上、期限の定めなし | |
| 夜間の生活の場 | 病　院 | 施設入所支援の利用が可能 |

## ◉ 自立訓練（機能・生活訓練）とはどんなサービスなのか

**自立訓練**とは、自立支援給付のうち、訓練等給付に含まれる障害福祉サービスです。病院や施設を退院した人が、地域社会で自立した生活を営むことができるように、身体機能の訓練や生活能力の維持・向上のためのサービスが受けられます。自立訓練は、身体障害者を対象とした機能訓練と、知的障害者・精神障害者を対象とした生活訓練に分けられます。

**・機能訓練**

**機能訓練**とは、身体障害者の身体機能の維持回復に必要な訓練を行うサービスです。具体的には、理学療法士や作業療法士によるリハビリテーションや、日常生活を送る上での相談支援などを行います。利用者の状況に応じて、通所と訪問などのサービスを組み合わせて訓練を行います。

機能訓練のサービスを利用するためには、指定特定相談支援事業者が作成したサービス等利用計画案を市区町村に提出し、支給決定を受けなければなりません。障害支援区分の有効期間はありませんが、18か月間の標準利用期間が設定されています。また、利用者が安定して地域生活を営むことができるように、定期的な連絡・相談を行うため、原則として６か月ごとにモニタリングが実施されます。

**・生活訓練**

**生活訓練**とは知的障害者と精神障害者の生活能力の維持と向上に必要な訓練を目的とした障害福祉サービスです。地域の中で生活をするために、事業所への通所や利用者の自宅への訪問を通じて必要な訓練を実施します。具体的には、食事や家事など日常生活能力を向上させるための訓練を行います。

生活訓練のサービスを利用するためには、指定特定相談支援事業者が作成したサービス等利用計画案を市区町村に提出し、支給決定を受けなければなりません。障害支援区分の有効期間はありませんが、24か月間の標準利用期間が設定されています。この標準利用期間は、長期間、入院・入所していた人については36か月間に延長されます。また、定期的な連絡・相談を行うため、機能訓練と同様、原則として６か月ごとにモニタリングが実施されます。なお、生活訓練には、積極的な地域移行を図ることを目的として、施設に宿泊して夜間における生活訓練を行う宿泊型自立訓練も設けられています。

## ◉ 就労移行支援とはどんなサービスなのか

**就労移行支援**とは、「障害者総合支援法」で定められた自立支援給付のうち、訓練等給付に含まれる障害福祉サービスです。障害者が一般就労を希望する場合や、独立開業をめざす場合に、就労に必要な能力や知識を得るための訓練が受けられます。就労移

### ■ 機能訓練と生活訓練の違い

| | 機能訓練 | 生活訓練 |
|---|---|---|
| 利用者 | 地域生活を営む上で、身体機能の維持・回復等の必要がある身体障害者。以下の①②などが主な対象者。<br>①病院などを退院した者で、身体的リハビリテーションの継続や身体機能の維持・回復などの支援が必要な者<br>②特別支援学校を卒業した者で、身体機能の維持・回復などの支援が必要な者 | 地域生活を営む上で、生活能力の維持・向上等の必要がある知的障害者・精神障害者。以下の①②などが主な対象者。<br>①病院などを退院した者で、生活能力の維持・向上などの支援が必要な者<br>②特別支援学校を卒業した者や継続した通院により症状が安定している者で、生活能力の維持・向上などの支援が必要な者 |
| サービス内容 | 身体的リハビリテーションの実施　など | 社会的リハビリテーションの実施　など |

行支援の対象者は、サービス利用開始時に65歳未満の障害者で、一般企業への就労を希望する人や、技術を習得し、在宅で就労などを希望する人を主な利用者として想定しています。

障害者を雇うことにした事業者は、ハローワークや障害者を支援する機関と連携して、障害者の適性や希望に応じた職場を作り出す必要があります。また、障害者が職に就いた後もその職場に定着することができているかどうかを確認し、支援を続ける必要があります。なお、就労移行支援期間中の訓練であっても、訓練を受けている間の工賃（賃金）が障害者に支払われます。

就労移行支援のサービスを利用するためには、指定特定相談支援事業者が作成したサービス等利用計画案を市区町村に提出し、支給決定を受けなければなりません。障害支援区分の有効期間はありませんが、24か月間の標準利用期間が設定されています。また、サービスを利用して就職をした人は、原則として６か月間、就労移行支援事業者からの継続的な支援が受けられます。

## ◉ 就労継続支援Ａ型（雇用型）とはどんなサービスなのか

**就労継続支援**とは、「障害者総合支援法」で定められた自立支援給付のうち、訓練等給付に含まれる障害福祉サービスです。一般企業に就労するのが困難な障害者に対して就労や生産活動の機会を提供し、能力や知識の向上を目的とした訓練が受けられます。

就労継続支援にはＡ型とＢ型の２つのタイプがあります。就労継続支援Ａ型は、雇用型とも呼ばれ、雇用契約に基づく就労が可能と見込まれる65歳未満の障害者が対象です。具体的には就労移行支援事業で一般企業の雇用が実現できなかった人や、盲・ろう・養護学校卒業後就職できなかった人、そして一般企業を離職した人や就労経験のある人を対象としています。雇用契約を締結するので、就労継続支援Ａ型のサービス利用者は労働者として扱われ、労働基準法などの適用を受けます。また、事業者は障害者に対して工賃（賃金）を支払う必要があります。工賃は原則としてその地域の最低賃金が保障されます。

就労継続支援のサービスを利用するためには、就労移行支援と同様に、指定特定相談支援事業者が作成したサービス等利用計画案を市区町村に提出し、支給決定を受けなければなりません。ただし、A型のサービス利用者は施設と雇用契約を結んでいるので、就労移行支援のような標準利用期間は設定されていません。

## ◉ 就労継続支援B型（非雇用型）とはどんなサービスなのか

就労継続支援B型は、非雇用型とも呼ばれ、雇用契約を結ぶA型とは異なり、雇用契約を結ばずに、就労の機会や居場所を提供し、就労支援を行います。その中で、一般就労に必要な知識や技術を身につけた人に対しては、一般就労に向けての支援が行われます。

B型の対象者は、通常の事業所に雇用されることが困難な障害者で、具体的には、就労移行支援事業を利用したが一般企業の雇用に結びつかずB型利用が適当と判断された人、一般企業に就労経験があり、年齢や体力的に雇用が困難と予想される人、一定の年齢に達している人など、就労の機会を通じて生産活動に関する知識や能力の向上が期待される人を対象としています。

就労継続支援B型のサービスを利用する利用者は、手芸などの自主製品の製作やパンやクッキーの製造などの作業を行い、作業分を工賃（賃金）として受け取ります。比較的自由に自分のペースで働けます。

B型のサービスを利用するためには、A型と同様の手続を経て、支給決定を受けなければなりません。

## Q 平成28年の法改正で新設された、自立生活援助・就労定着支援とはどんなサービスなのでしょうか。

**A** 「自立生活援助」とは、これまで施設入所支援や共同生活援助の利用者となっていた人たちを対象として行われるサービスです。これまでは１人暮らしをすることが難しいとされてきたような人についでも、できるだけアパートなどで一人で生活できるようにすることを目的としています。

サービスの内容としては、定期的に自宅を巡回訪問したり、必要なときには随時対応することにより、障害者が円滑に地域生活を送ることができるよう、相談や助言などを行います。具体的な援助の内容や利用時間などは、厚生労働省令で定められています。

このサービスが創設された背景には、深刻に進む障害者の高齢化問題への対策という意味合いがあります。今後、障害者を受け入れる施設やグループホームが不足することが想定されるため、年齢が若かったり、障害の程度が軽い人については、なるべく施設などからアパートなどに移り、地域生活を送ることができるようにすることをめざしています。そして、これによって空きの出た施設やグループホームには、高齢であったり、障害の程度が重度な人を、優先的に入所させることになります。

次に、「就労定着支援」とは、一般の企業に雇用された障害者の相談を受けたり、金銭管理などの生活上の課題を支援するサービスです。事業所や家族との連絡調整役となり、就労がなかなか定着しない精神障害者、知的障害者、発達障害者などを支援することを目的としています。このように、平成28年の法改正では、障害者が望む形で地域生活を送ることができるよう、さまざまな制度変更が行われています。なお、「自立生活援助」と「就労定着支援」のサービスは平成30年４月１日より開始される予定です。

# 7 相談支援のサービスについて知っておこう

## 相談支援事業者に相談し、利用計画を作成する

### ◉ 計画相談支援給付費とはどんなものなのか

サービスの利用や利用計画について相談したい場合、サービス等利用計画を作成する必要があります。

まずは市町村長の指定を受けた指定特定相談支援事業者（87ページ）に相談してみてください。指定特定相談支援事業者は障害者・障害児やその家族などからの就学・就職・家族関係といった基本的な相談をはじめ、計画相談支援サービス利用に関する相談などを受け付けています。計画相談支援サービス利用に関する相談を受け付けると、相談支援事業者に在籍する相談支援専門員が面接、アセスメント（現在の状況や問題点を解決するための課題について調査すること）などを実施してサービス等利用計画を作成します。

どこに指定特定相談支援事業者の事務所があるかわからない場合は、市区町村の障害者関係窓口に問い合わせてみましょう。

### ◉ 計画相談支援給付費とは

サービス等利用計画案の作成や計画の見直しを行った事業者（指定相談支援事業者）に対して支給される給付が計画相談支援給付費です。支援内容は、サービス利用計画の作成と、障害福祉サービス提供事業者または施設からのサービスの利用のあっせん・調整・モニタリング（43ページ）です。

計画相談支援給付費の給付を受けるための手続きについては、指定相談支援事業者が事業者の側から市区町村に対して請求し、市区町村から支給を受けることになります。

## ◉ 地域相談支援給付費とはどんなものなのか

**地域相談支援給付費**は、都道府県・指定都市・中核市の指定を受けた「指定一般相談支援事業者」が地域移行支援・地域定着支援を行った際に支給される給付です。給付を希望する利用者は、氏名・居住地・生年月日・連絡先、地域相談支援の具体的内容を記載した申請書を市町村に提出し、申請を受けた市町村が地域相談支援給付費の支給の要否を決定することになります。

**・地域移行支援**

施設に入所している障害者などが地域における生活に移行できるようにするために必要な住居の確保などの支援のことです。

支援の対象者は、施設に入所している障害者や障害児です。また、地域移行支援については平成26年４月から対象者が拡大されており、刑事施設・少年院に入所している障害者や生活保護法の更生施設に入所している障害者も利用が認められています。

**・地域定着支援**

自宅で、単身で生活する障害者に対して行う常時の連絡体制の確保など、緊急の事態等に相談できるようにするための支援のことです。支援の対象者は、居宅において障害者の家族等による緊急時の支援が見込めない状況にある者です。

■ **計画相談支援給付費支給の流れ**

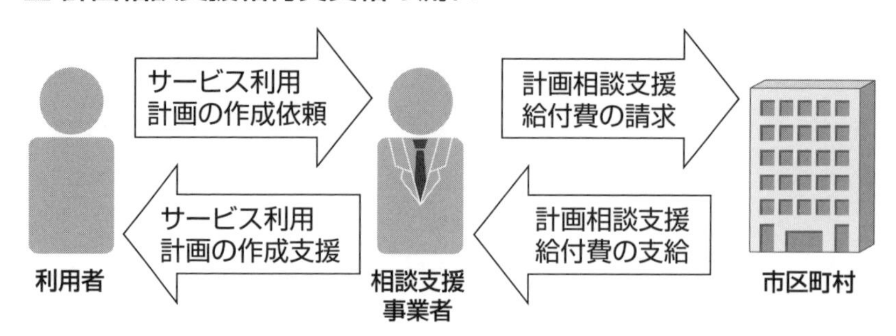

# 8 医療支援のサービスはどのようになっているのか

障害の種類・程度・年齢等の事情をふまえた上で適切な医療が提供される

## ◉ 自立支援医療とはどんなものなのか

**自立支援医療**とは、障害の軽減を図り、自立して日常生活や社会生活を送れるようにするために行われる医療費の公費負担制度です。

自立支援医療は、従来別々に行われてきた、身体障害児の健全な育成や生活能力の獲得を図るための医療（旧育成医療）、身体障害者の自立と社会経済活動への参加促進を図るための医療（旧更生医療）、精神障害者が入院しないで受ける精神医療（旧精神障害者通院医療）の３つが統合されたものです。それぞれの利用手続きは、以下の通りです。

- **育成医療**
  実施主体は市区町村、申請窓口は市区町村の担当課
- **更生医療**
  実施主体は市区町村、申請窓口は市区町村の担当課
- **精神障害者通院医療**
  実施主体は都道府県、申請窓口は市区町村の担当課

なお、肝臓移植、抗免疫療法（免疫抑制療法）の医療費負担の軽減を目的として、平成22年４月から育成医療・更生医療の内容に肝臓の機能障害が加わっています。

申請には、医師の診断書や意見書、健康保険証、さらにその人にとっての妥当な利用料を設定するため、所得に関する書類が必

要になります。経済的事情で自立支援医療が受けられないという状態を避けるため、利用負担に関して、所得に応じた細かい区分や上限額が設定されています。なお、申請の有効期間はいずれも1年で、期間が過ぎると更新が必要になります。

育成医療・更生医療を受けられるのは、基本的には、治療により状態がよくなる見込みがある、障害者手帳を持っている障害児(者)です。育成医療の対象は18歳までなので、その後は身体障害者更生相談所（身更相）の判定を経て、更生医療に切り替えて治療を続けます。精神障害者通院医療は、状態を良くするために通院治療を続ける精神障害者が対象です。更生医療と同じく、判定を経る必要があり、その業務は精神保健福祉センターが担います。

自立支援医療が必要だと認められた場合でも、自由に複数の医療機関を利用することはできません。対象者が利用する医療機関は、事情がある場合を除き、どこか1か所に絞らなければならないからです。

## ◉ 療養介護医療費とは

障害福祉サービスを受けている者が、医療の他に介護を受けている場合に、医療費の部分について支給されるのが**療養介護医療費・基準該当療養介護医療費**です。

主に昼間、日常生活の世話や医学的管理下での介護、療養上の看護・管理、病院や施設などでの機能訓練を受ける際に療養介護医療費が支給されます。

また、障害福祉サービス事業を提供するための事業所・施設が基準該当事業所や基準該当施設（事業所や施設について、設備・運営基準のすべてを満たしていないが、一定の基準を確保していることから、サービスの提供や施設の運営が認められるもの）の場合、基準該当療養介護医療費が支給されます。

## Q 自立支援医療を利用する場合の手続きと利用者の負担額について教えてください。

**A** 自立支援医療の担当窓口は市区町村の担当窓口です。申請後、判定が行われ、支給認定が行われると受給者証が交付されます。利用者は受給者証の交付後指定の医療機関で治療を受けることになります。

自立支援医療の対象者であることが認定されると、指定自立支援医療機関の中から医療機関を選び、利用者が負担能力に応じて負担する金額で医療を受けることができます。

また、利用者の負担を軽減するため、下図のような上限額が設定されています。なお、「世帯」については、健康保険や共済組合で扶養、被扶養の関係にある全員、または国民健康保険に一緒に加入している全員のことを指すため、住民票上の「世帯」とは異なる場合があります。

### ■ 自立支援医療費の負担の上限額

| 世帯の状況 | 月額の負担上限 |
|---|---|
| 生活保護世帯 | 0円 |
| 市町村民税非課税世帯であり、本人収入が80万円以下の場合 | 2,500円 |
| 市町村民税非課税世帯であり、本人収入が80万円を超える場合 | 5,000円 |
| 所得に応じて課せられる市町村民税額が3万3000円未満の場合 | 医療保険の自己負担限度額（ただし、育成医療については5,000円が上限額） |
| 所得に応じて課せられる市町村民税額が3万3000円以上23万5000円未満の場合 | 医療保険の自己負担限度額（ただし、育成医療については1万円が上限額） |
| 所得に応じて課せられる市町村民税額が23万5000円以上の場合 | 公費負担の対象外（ただし、高額治療継続者については、月額2万円が負担上限額） |

# 9 補装具等の支援について知っておこう

利用者が義肢などを購入した上で、費用の補助が行われる

## ◉ 補装具等としてどんな用具が提供されるのか

**補装具**とは、障害者等の身体機能を補完・代替し、かつ長期間にわたって継続して使用されるもので具体的には義肢、装具、車いすなどが該当します。

障害者は、障害の程度によっては車椅子などの使用が欠かせなくなります。義肢や車椅子などの補装具は、市区町村に申請することによって給付を受けることができます。

請求方法は、利用者が補装具を購入した上で市区町村の担当窓口へ自己負担額を除いた金額を請求し、市区町村の支給決定によって給付金を支払うという流れになります。

障害者の費用負担については、利用者が負担すべき額は最大でも１割とされているため、障害者は最大で、補装具を利用する費用の１割を負担することになります。ただし、所得の状況によって以下のような負担上限額が定められています。

・生活保護受給世帯：０円（障害者の自己負担なし）
・市町村民税非課税世帯：０円（障害者の自己負担なし）
・市町村民税課税世帯３万7200円

## ◉ 補装具の要件

補装具として認められるためには以下の３つの要件を満たしていなければなりません。

①　障害個別に対応して設計・加工されており、身体の欠損もしくは損なわれた身体機能を補完・代替するもの

② 同一製品を継続して使用するという条件があり、身体に装着して日常生活・就労・就学に使用するもの

③ 医師などの診断書や意見書に基づいて使用されるもの

具体的な補装具としては以下のような種類が挙げられます。

## ■ 補装具の種類

| 義肢 |
|---|
| 義手、義足 |
| **装具** |
| 下肢、靴型、体幹、上肢 |
| **座位保持装置** |
| 姿勢保持機能付車いす、姿勢保持機能付電動車いす、など |
| **盲人安全つえ** |
| **義眼** |
| **眼鏡** |
| 矯正眼鏡、遮光眼鏡、コンタクトレンズ、弱視眼鏡 |
| **補聴器** |
| 高度難聴用ポケット型、高度難聴用耳かけ型、重度難聴用ポケット型、重度難聴用耳かけ型、耳あな式（レディメイド）、耳あな式（オーダーメイド）、骨導式ポケット型、骨導式眼鏡型 |
| **車いす** |
| 普通型、リクライニング式普通型、ティルト式普通型、リクライニング・ティルト式普通型、手動リフト式普通型、前方大車輪型、リクライニング式前方大車輪型、片手駆動型、リクライニング式片手駆動型、レバー駆動型、手押し型、リクライニング式手押し型、ティルト式手押し型、リクライニング・ティルト式手押し型 |
| **電動車いす** |
| 普通型時速4.5キロメートル、普通型時速６キロメートル、手動兼用型、リクライニング式普通型、電動リクライニング式普通型、電動リフト式普通型、電導ティルト式普通型、電導リクライニング・ティルト式普通型 |
| **座位保持いす** |
| **起立保持具** |
| **歩行器** |
| **頭部保持具** |
| **排便補助具** |
| **歩行補助つえ** |
| **重度障害者用意思伝達装置** |

# 10 サービスを利用するときの費用について知っておこう

家計の負担能力に応じて負担額を決定する

## ◉ サービス利用のための負担のしくみ

障害福祉サービスを利用する場合、利用者は一定の利用料を負担します。この負担額については、利用者や世帯の所得を考慮して料金を決定するという考え方（応能負担の原則）に基づいて決定します。

具体的には、市区町村は、障害福祉サービスの種類ごとに指定障害福祉サービスなどに通常要する費用につき、厚生労働大臣が定める基準により算定した費用の額から、家計の負担能力その他の事情を考慮して政令で定められた額を控除した額について、介護給付費または訓練等給付費を支給するとされています。

家計の負担能力が高い人は高額の負担であっても、全額を自己負担しなければならないというわけではなく、利用者の負担額は最大でも利用料の１割とされています。

サービスの利用料の負担が重くなり過ぎないようにするために、障害者が負担する障害福祉サービスの利用費は、世帯に応じて上

### ■ 応能負担の原則

**応能負担の原則**　利用者や世帯の所得を考慮して負担額を決定する

家計の負担能力などを基に設定されている自己負担額（次ページ図）が上限となる
ただし、その自己負担額よりもサービス費用の１割相当額の方が低い場合、１割相当額を負担することになる

限額が設定されています。なお、ここでいう世帯とは、障害者の年齢によってその範囲が異なります。具体的には、18歳以上の障害者の場合は障害者とその配偶者、障害児の場合は保護者の属する住民基本台帳の世帯で所得が判断されることになります。

世帯の区分は、①生活保護を受給している世帯、②低所得世帯(市町村民税非課税世帯)、③一般１（市町村民税課税世帯のうち、世帯収入が概ね600万円以下の世帯)、④一般２（①～③以外の者)、の４種類です。

下図のように、生活保護世帯と低所得世帯については、自己負担はありません。一般の世帯についても自己負担の上限は月額３万7200円とされています。

## ■ 利用者負担の上限額

### ● 障害者の場合

| 世帯の状況 | 負担上限額 |
|---|---|
| 生活保護受給世帯 | 0円 |
| 市町村民税非課税世帯<br>（世帯収入が概ね 300 万円以下）（低所得） | 0円 |
| 市町村民税課税世帯のうち、世帯収入が<br>概ね600万円以下の世帯（一般１） | 9300円 ※１ |
| 上記以外（一般2） | 3万7200円 |

### ● 障害児の場合

| 世帯の状況 | 負担上限額 |
|---|---|
| 生活保護受給世帯 | 0円 |
| 市町村民税非課税世帯<br>（世帯収入が概ね 300 万円以下）（低所得） | 0円 |
| 市町村民税課税世帯のうち、世帯収入が<br>概ね890万円以下の世帯（一般１） | 9300円（入所施設利用の場合）※2 |
| 上記以外（一般2） | 3万7200円 |

※１　入所施設利用者（20歳以上）、グループホーム、ケアホームの利用者については３万7200円

※2　通所施設、ホームヘルプの利用者については 4600円

## 事業者の法定代理受領制度とはどんな制度なのでしょうか。

市町村がサービス事業者に費用を直接支払う制度のことです。一時的にサービスの費用を負担する必要がなくなるという点で利用者にメリットがあります。

利用者は事業者から障害福祉サービスを受けたときにはその利用料を事業者に支払います。

利用料には、さまざまな負担軽減措置（75ページ図参照）が用意されており、自己負担額を超える分については介護給付費または訓練等給付費が支給されます。

利用者が受けたサービスの支払いについては、利用者が事業者に費用を支払い、自己負担額を超える部分について介護給付費または訓練等給付費を受けるのが本来的な流れです。

ただ、本人負担分を超える費用が後から支給されるとなると、いったん障害者がかかった費用の全額をサービスの提供事業者に払うことになり、負担が重くなります。

そのため、市町村が、介護給付費または訓練等給付費に相当する費用を利用者ではなく、サービス事業者に支払うことができる制度が認められています。この制度を法定代理受領といいます。

### ●法定代理受領制度とは

法定代理受領は、サービスの利用者が事業者などからサービスを受けたときに、利用者が事業者に支払う費用について、市町村が、利用者の代わりに事業者に支払う制度です（障害者総合支援法29条）。事業者に支払われる費用は介護給付費又は訓練等給付費として支給される金額が上限額となります。

法定代理受領制度により、利用者が一時的にサービスの費用を負担する必要がなくなります。また、本人が償還払いの手続きをする煩雑さから免れることも利用者側のメリットのひとつです。

一方、事業者の立場からすると、障害者に現金が渡った場合に確実に費用を受け取ることができない可能性があるというリスクを負うことになりますが、法定代理受領制度を利用すれば事業者は確実に費用を受け取ることができます。

法定代理受領は、利用者・事業者双方にメリットがある制度ですが、本来利用者に支払われるべき給付を事業者に支払うしくみになるため、制度を利用する際には利用者の同意が必要です。各市区町村で手続きや契約書や同意書の様式について定めている可能性があるため、自治体に確認することになります。

法定代理受領の具体的な流れとしては、まず、指定事業者や相談支援事業者が、1か月間に利用者に提供したサービスや相談支援の請求書を、当該月末に作成します。作成した請求書は、翌月初旬の締め切り日までに市町村に提出します。市町村は、提出された請求内容を精査して、問題がなければ事業者に介護給付費などを支給します。なお、実際の支払手続きは、国民健康保険団体連合会が市町村の委託を受けて行います。

## ■ 法定代理受領のしくみ

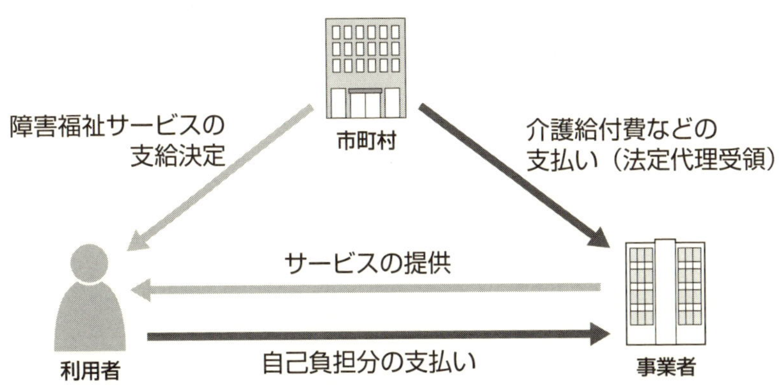

# 医療型個別減免について知っておこう

医療費や食事など一部の費用が免除される制度のこと

## ◉ 医療型個別減免とはどんな制度なのか

障害福祉サービスの利用者負担を軽減するための措置には次ページ図のように、さまざまなものがあります。

所得別の上限額の制限に加えて、食費などの減免措置、高額障害福祉サービス費（80ページ）、家賃助成など、利用するサービスに応じた負担軽減措置があります。

医療型入所施設や療養介護を利用する場合、医療型の個別減免措置として医療費と食費が減免されます。医療型の個別減免措置とは利用者の負担が重くならないように、さまざまな軽減措置が用意されています。**医療型の個別減免措置**とは医療費や食費など、一部の費用の支払いが免除される制度のことをいいます。

## ◉ 障害者についての医療型個別減免

医療型個別減免措置が適用される対象者は、市町村民税非課税（低所得）者で、療養介護などの療養を行うサービスを利用している人や施設に入所している人です。定率負担、医療費、食事療養費を合算した利用者負担の上限額が、収入や必要な生活費などを考慮して設定され、それを超える部分は免除されます。

また、20歳以上の入所者の場合、少なくとも２万5000円が手元に残るように、利用者負担額が減免されます。

市町村民税非課税世帯にある者が、医療型個別減免措置の対象となるため、申請の際に本人の収入額を示す書類（たとえば、年金証書・源泉徴収票・市町村の課税証明書）、必要経費の額がわかる書類（たとえば、国民健康保険の保険料等を納付した証明書）、その他それぞれの市町村が要求している書類の提出が必要です。

## ◉ 障害児についての医療型個別減免

医療型の個別減免措置は20歳未満の障害児に対しても適用されます。その地域で子を養育する世帯の負担額を考慮して負担額の上限額を設定します。

利用者が20歳以上の場合、「市町村民税非課税世帯」という所得要件がありますが、障害児の場合には所得要件はありません。

### ■ 利用者負担に関する配慮措置

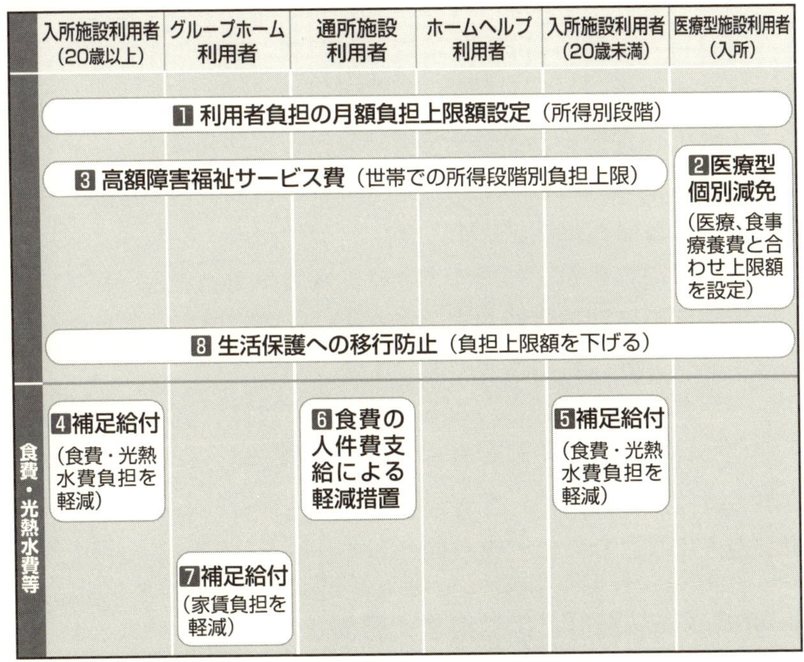

※平成26年4月からケアホームはグループホームに一本化された。

# 12 食費・光熱費の軽減はどのようなしくみなのか

年齢や所得に応じた軽減措置がある

## ◉ 食費や光熱費は利用者の全額実費負担なのか

利用するサービスは障害の程度や状況によって変わってきますが、基本的に食費や光熱費は実費負担です。通所施設を利用する場合には、食費については実費を自己負担します。入所施設を利用する場合、食費だけでなく個室利用料や医療費も自己負担することになります。

サービスの利用料は最大１割（70ページ）とされていますので、利用者は最大１割の利用料と食費・光熱費（実費負担）を支払うことになります。

もっとも、食費・光熱費を実費で負担しなければならないとすると、それぞれの世帯の事情によっては、経済的負担が過大なものになってしまう可能性があります。そのため、年齢などに応じて最低限のお金が手元に残るように、食費や光熱費の一部について**特定障害者特別給付費**が支給されます。特定障害者特別給付費は**補足給付**と呼ばれることもあります。

また、共同生活をしている障害者に対しては、食費と光熱費の一部について特例特定障害者特別給付費が支給されます。特例特定障害者特別給付費も、障害福祉サービスを受ける者の経済的負担が過大にならないことを目的として支給されている給付です。

## ◉ 食費や光熱費はどの程度まで軽減されるのか

20歳以上の施設入所者への補足給付は、低所得の人を対象に、食費や住居費以外の「その他の生活費」が一定額残るように、食費や住居費に負担限度額を設定します。その他、生活費の額は2万5000円（障害基礎年金1級受給者の場合は2万8000円）と決められています。食費・光熱水費の負担限度額は、必要経費等控除後の収入からその他生活費を差し引いて算出します。

ただし、就労により得た収入については、2万4000円までは収入として認定しません。つまり就労収入が2万4000円までは食費等の負担は生じないことになります。また、2万4000円を超えた場合でも、超える額については、超える額の30％は収入として認定しません。

通所施設利用者についても、食費などの負担を軽減するための措置が実施されています。低所得、一般1（所得割16万円未満、グループホーム利用者を含む）の世帯の場合、食材料費のみの負担となり、実際にかかる額のおおよそ3分の1の負担となります（月22日利用の場合、約5100円程度と想定されています）。

なお、食材料費については、施設ごとに額が設定されます。

## ■ 補足給付とはどんな給付なのか

| | |
|---|---|
| 概 要 | 入所施設の食費・光熱水費（実費負担分）等に対する負担を軽減する措置 |
| | 【20歳以上の場合】<br>福祉サービスと食費等の実費を負担しても少なくとも手元に25,000円が残るように、給付が行われる |
| 対象者 | 【20歳以上の場合】<br>生活保護受給者　区市町村民税非課税の者<br>【20歳未満の場合】<br>すべての所得区分の者（18～19歳は監護する者の属する世帯の所得区分を認定して決定する） |

**障害をもつ子どもが施設を利用していますが、食費などの負担はどの程度になるのでしょうか。**

食費や光熱水費などの費用については、その負担を軽減するために、補足給付を受給することができます。

補足給付は、施設入所者が20歳未満の場合にも、負担軽減措置として受けることが可能です。ただし、補足給付費の算出方法は、施設入所者が20歳以上の場合とは異なります。20歳未満の場合、補足給付の対象となるのは、すべての所得区分の方です。ただし、18歳・19歳の障害者については、監護者の属する世帯の所得区分を認定して決定されることになります。具体的には、①医療型入所施設に入所する障害児については、地域で子どもを養育する世帯と同程度の負担となるように負担限度額が設定されており、限度額を上回った額について、減免が行われます。

また、②障害児が福祉型入所施設を利用する場合については、補足給付の支給額の目安は、地域で子どもを養育する費用（低所得世帯、一般１については５万円、一般２については７万9000円）と同様の負担となるように設定がされています。

その他、③通所施設を利用する場合にも、食費の減免のための負担軽減措置が行われています。上限額は下図のように設定されています。

■ **通所施設を利用する障害児の負担軽減措置**

| 所得の状況 | 上限額 |
|---|---|
| 低所得 | 1,540円 |
| 一般1 | 5,060円 |
| 一般2 | 14,300円 |

## 障害福祉サービスの利用者の負担を軽減するための措置として他にどんなものがあるのでしょうか。

医療費や食費の減免措置の他にも、グループホーム利用者へ家賃を助成する制度や、生活保護への移行を防止する措置などがあります。

**・グループホーム利用者への家賃助成**

グループホーム（54ページ）の利用者が負担する家賃を対象として、利用者１人あたり月額１万円を上限に補足給付が行われます。家賃が１万円未満である場合は、実費として支払った額が支給されることになります。家賃助成の対象者は、生活保護世帯、区市町村民税非課税（低所得）世帯に該当する利用者です。

この家賃助成の申請をする際には、過去１年間の収入額を証明する書類、グループホームの家賃額を証明する書類、住民税の課税（非課税）証明書などを提出する必要があります。過去１年間の収入額が、各自治体が定める基準を上回っている場合には家賃助成を受けることができません。なお、対象となるグループホームには、重度障害者等包括支援の一環として提供されているものも含まれます。

**・生活保護への移行防止**

上記の負担軽減策が講じられても、実費負担のために生活保護の対象となる場合には、実費負担を生活保護の対象にならない額まで引き下げます。

### ■ グループホーム利用者への家賃助成の額

| | |
|---|---|
| 家賃が１万円未満 | 実費を支給 |
| 家賃が１万円以上 | １万円（上限）を支給 |

# 13 高額障害福祉サービス費について知っておこう

負担した金額が上限を超えた場合には償還払いを受けられる

## ◉ 家族に複数の障害者がいる場合の特別な軽減措置

障害福祉サービスを利用する人が同一世帯に複数いる場合には、個人個人ではなく、世帯全体で合算された金額が利用者負担の上限（71ページ図参照）と比較されます。同じ世帯で、障害福祉サービスを受ける者が複数いる場合などには、世帯として支払う費用の額が大きくなってしまいます。そのため、そのような世帯の負担を軽減するために**高額障害福祉サービス費**が支給されます。

また、利用者が障害福祉サービスと介護保険法に基づくサービスを両方受けた場合で、かかった費用の合計額が一定の限度額を超えるときには、その超えた分についても高額障害福祉サービス費が支給されます。利用者が障害児の場合で、障害福祉サービスと児童福祉サービスを両方受けたというケースでも、同様に、限度額を超える分については高額障害福祉サービス等給付費が支給されます。

なお、障害福祉サービスの他に、補装具の支給や介護保険サービス、障害児支援サービス等を受けているという場合には、まずは各サービスの利用で負担した費用を世帯で合算した上で、高額障害福祉サービス等給付費の金額を算定することになっています。

## ◉ 高額障害福祉サービス費の具体的な計算方法

同じ世帯に障害者・障害児が複数いる場合などで、利用している障害福祉サービス等の利用者負担額が高額になる場合、１か月の負担額の合算が基準額を超えていれば、その超えた部分について払戻しを受けることができるのが**高額障害福祉サービス等給付費**の制度です。高額障害福祉サービス費の給付は、いったん通常どおりサービス費を支払い、その後申請して受給する償還払いによって行われます。申請できるのは、利用者負担額を世帯で合算し、そこから基準額を差し引いた額です。基準額は世帯の収入状況や利用しているサービスのパターンによって異なりますが、一般の課税世帯で、障害福祉サービス・障害児支援・舗装具等のいずれか2つ以上を利用している場合は、3万7200円となっています。

たとえば夫婦と知的障害のある子どもの3人家庭で、妻が交通事故に遭って下半身まひの身体障害者となり、障害福祉サービスと補装具の利用を始めたとします。子どもの通所支援にかかる利用者負担額が2万円、妻の日常生活支援にかかる利用者負担が3万円、補装具にかかる利用者負担が1万円だとすると、この世帯の利用者負担額は月6万円になります。ここから基準額の3万7200円を差し引いた2万2800円が、高額障害福祉サービス費の支給対象となります。

## ■ 高額障害福祉サービス費のしくみ

| | | （上限の額） | | （償還払いされる額） |
|---|---|---|---|---|
| 障害福祉サービス等の利用者負担額の世帯合計※ | － | 高額障害福祉サービス費算定基準額 | ＝ | 高額障害福祉サービス費の支給対象額 |

※合算の対象
・障害福祉サービス　・補装具
・介護保険サービス　・障害児支援サービス

## 高額障害福祉サービス費の支給対象者が拡大されると聞いたのですが、どんな人が対象になるのでしょうか。

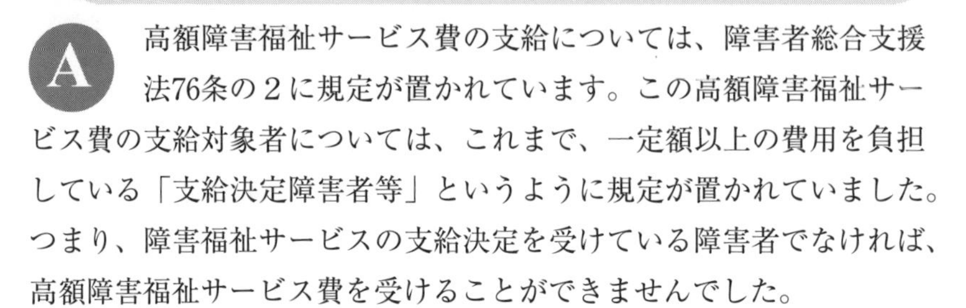

高額障害福祉サービス費の支給については、障害者総合支援法76条の２に規定が置かれています。この高額障害福祉サービス費の支給対象者については、これまで、一定額以上の費用を負担している「支給決定障害者等」というように規定が置かれていました。つまり、障害福祉サービスの支給決定を受けている障害者でなければ、高額障害福祉サービス費を受けることができませんでした。

しかし、平成28年の改正により、高額障害福祉サービス費の支給対象者は拡大されました。具体的には、「65歳に至るまでに、相当の長期間にわたって、障害福祉サービスを利用してきた低所得の高齢障害者」が、引き続き障害福祉サービスに相当する介護保険サービスを利用する場合については、65歳以降も高額障害福祉サービスを受けることができることになりました（平成30年４月より施行予定）。

障害をもつ高齢者は、65歳を超えると、介護保険法と障害者総合支援法の双方の制度の適用を受けることになりますが、両者が重複した場合には、介護保険法が優先されるという原則が存在しています。そのため、65歳を超えると、障害福祉サービスの支給決定を受けることができなくなり、高額障害福祉サービス費も受けることができなくなります。その結果、費用の負担が増えてしまい、生活に困窮してしまう高齢障害者が多く生じてしまうという事態が起きていました。

そこで、高齢障害者の所得の状況や障害の程度等の事情を勘案し、介護保険サービスの利用者についても、障害福祉制度によって負担を軽減できるしくみが整備されたというわけです。

# 第３章

# 事業者が知っておくべき基準

1

# 障害福祉サービス事業開始の手続きについて知っておこう

事前に相談をしてから申請手続きを行う

## ◉ 障害福祉サービス事業を始めるときの手続きの流れ

居宅介護（49ページ）、療養介護（56ページ）、短期入所（53ページ）など、障害者総合支援法の規定に従って提供されるサービスのことを総称して**障害福祉サービス**といいます。

障害福祉サービスを提供する事業者となるためには、サービス事業者としての要件を満たした上で、都道府県知事（または政令指定都市や中核市の長）の指定を受けなければなりません。また、指定を受けた事業者は、６年ごとに更新の手続きをすることも必要です。この指定を受けている事業者のことを、**指定障害福祉サービス事業者**といいます。

事業者が、障害福祉サービスの提供を始めるためには、「サービス管理者等を配置する」「必要な設備や備品を備える」「運営規程を定める」などというように、人員・設備・運営に関する基準等を満たした上で、都道府県知事などに申請をしなければなりません。ただし、いきなり申請をするのではなく、事前に都道府県等の担当部署に相談をするという方法が一般的です。その後、指定申請書などの必要書類を提出すると、審査が行われます。審査の結果、問題がないと判断されれば、指定を受けることができます。一方、問題があると判断された場合には、申請は却下され、指定は受けられないという結果になります。

なお、東京都では、指定は毎月１回行われており、申請書類が受理された翌々月の１日付けで指定を受けることができます。詳しい指定手続きの流れについては、各都道府県等によって異なりますので、該当する申請先によく確認をするようにしましょう。

申請の内容が法令に定められた基準を満たしていれば指定障害福祉サービス事業者として認められますが、事業所で従事する人の知識が不足していたり、適正な福祉サービス事業の運営ができないという場合には、指定障害福祉サービス事業者として認定されません（92ページ）ので、注意が必要です。

## ◉ 指定を受けるための要件

指定は、事業の種類、そして事業者ごとに行われます。

指定事業者になるためには、次の要件をすべて満たしている必要があります。

① 申請者が法人格を有していること

② 事業所の従業者の知識・技術、人員が省令で定める基準を満たしていること

③ 法律や指針で定める基準に従って適正な事業の運営ができること

④ 法律上の欠格事項（指定の申請前５年以内に障害福祉サービスに関し不正な行為や著しく不当な行為をした者など）に該当しないこと

### ■ 福祉サービスを提供したい場合

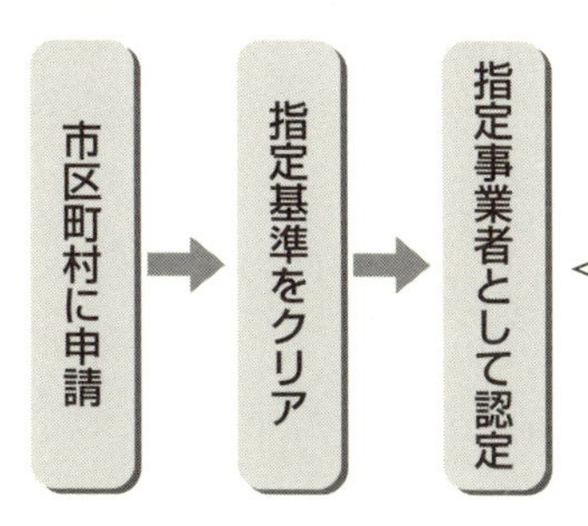


● 障害者支援施設によるサービス
➡ 社会福祉法人に限定

● それ以外のサービスや相談支援事業
➡ 法人格（株式会社・NPO法人）があればOK

## Q 事業者が受け取る報酬のしくみについて教えてください。

**A** 障害者総合支援法に基づく障害福祉サービスを提供した事業者は、サービス提供の対価として報酬を受け取ることになります。この事業者の受け取る報酬を算出するためには、まずは総費用額を計算する必要があります。

障害福祉サービスは、そのサービスの種類ごとに単位数が定められています。たとえば、居宅介護サービスのうち、日中に行う30分以上１時間未満の居宅における身体介護は388単位です。この単位数に、10円を基本とした地域ごとに設定されている単価を掛けた金額が、原則的な総費用額となります。たとえば、東京都23区内（１級地）については、居宅介護の１単位当たりの単価は11.08円と設定されています。

このようにして計算された総費用額のうち、サービスを利用した障害者が負担する能力に応じて自己負担する分（最大で１割）を除いた金額が、介護給付費または訓練等給付費として支給されることになります。

ただし、サービスの提供方法によっては、加算や減算が行われます。たとえば、喀痰の吸引体制を整えている事業者などは加算の対象となり、配置されている栄養士が非常勤の場合には減算の対象となります。

各サービスの具体的な報酬の算定基準は、「障害福祉サービス費等の報酬算定構造」で定められています。この基準は、社会の要請に合わせて随時改定が行われています。最近では、平成27年度に報酬の単価の基準となる地域区分の見直しが行われました。これにより、以前まで５区分であった地域区分が、１級地から６級地（18％～３％）とその他（０％）の７区分に変更されました。

# 2 サービスを提供する事業者にはどんな種類があるのか

施設や相談支援などがあり、株式会社の形態で実施できる事業もある

## ◉ 事業者にもいろいろある

事業者には以下の種類があります。施設や相談支援などの種類があり、法人形態を問わず、実施できるものもあります。

**① 指定障害福祉サービス事業者**

居宅介護（49ページ）、重度訪問介護（49ページ）などの障害福祉サービスを提供する事業者のことです。

**② 指定障害者支援施設**

障害者に対して、施設入所支援（54ページ）を行うと共に、施設入所支援以外の施設障害福祉サービスを行う施設のことです。ただし、のぞみの園（重度の知的障害者に対して支援を行う国の施設）や児童福祉施設は障害者支援施設には含まれません。

**③ 指定障害児通所支援事業者**

児童発達支援、医療型児童発達支援、放課後等デイサービス及び保育所等訪問支援（104ページ）を行う事業者のことです。

**④ 指定障害児入所施設**

障害児に対して、日常生活の世話や、社会生活で必要な技能・知識の教育を行う施設です。施設には医療型と福祉型があります。

**⑤ 指定障害児相談支援事業者**

障害児の心身の状況、環境、サービスの利用に関する意向などをふまえてサービスの利用計画（障害児支援利用計画）及びその案を作成する事業です。

**⑥ 指定特定相談支援事業者**

基本相談支援（必要な情報の提供や助言）と計画相談支援

（サービス利用支援）の両方を行う事業者のことです。

**⑦　指定一般相談支援事業者**

基本相談支援と地域相談支援の両方を行う事業者のことです。地域相談支援とは、地域移行支援と地域定着支援のことです（64ページ）。地域移行支援を行う事業者を指定地域移行支援事業者、地域定着支援を行う事業者を指定地域定着支援事業者といいます。

①～⑦のそれぞれについて、名称の最初につく「指定」とは、都道府県の指定を受けているという意味です。

なお、①障害福祉サービス事業や③障害児通所支援事業、⑤～⑦の相談支援事業は、株式会社やNPO法人など法人形態を問わずに事業主になることができます。②障害者支援施設や④障害児入所施設は運営主体として国、地方公共団体、社会福祉法人などを想定していることがあるため、確認することが必要です。

## ■ 事業者の種類

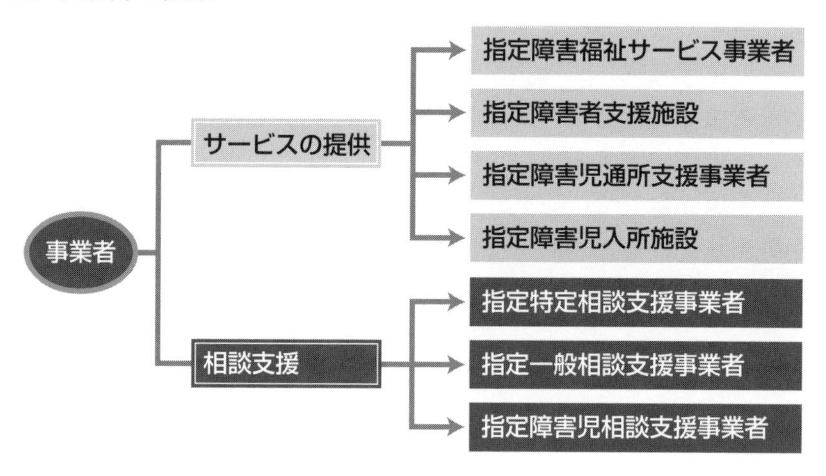

# 3 事業者になるための基準とはどんなものなのか

## 指定基準や最低基準を満たす必要がある

### ◉ 指定基準と最低基準が定められている

事業者が指定を受けるために必要となる基準には、「指定障害福祉サービスの事業等の人員、設備及び運営に関する基準」（一般的に**指定基準**と呼ばれています）、「障害福祉サービス事業の設備及び運営に関する基準」（一般的に**最低基準**と呼ばれています）などがあります。

指定基準には、サービス提供の主体となる事業者が遵守すべきさまざまな事項が定められています。事業者がこれらの基準に従ってサービスを提供することにより、障害福祉サービスの質が一定以上に確保されることになります。重要事項に関する書面や領収証等の交付など、適切な事務処理が行われるための基準も定められています。

また、最低基準には、施設の規模や施設全体の建築構造、職員の資格など、一定のサービスについて、適正な事業運営がされるために必要とされる基準（直接的には支援に関わらない部分についての基準）などについても定められています。

指定基準や最低基準で設定されている内容は、サービスごとに異なっています。

なお、事業の開設当初に過度の費用負担がかかることを避け、また、地域間の不公平にならないように、事務所などの直接サービスの実施に関わらない場所については、明文上の規定はされず、居室の面積や規定もサービスの質を維持する必要最小限でよいとされています。

このように設備基準を厳格に定めなかった理由は、事業者の新規参入を促し、従来の基準では必要な面積が確保できなかった地域でもサービスを提供できるようにするためです。

また、地域によっては、空き教室や空き店舗などを利用するようになれば、設備の有効利用もできますし、地域の活性化につながる可能性もあります。

## ◉ 人員基準・設備基準・運営基準の特徴

障害者総合支援法に定められている障害福祉サービスを提供したい事業者は、一定の基準をクリアして、指定事業者として認められなければなりません。基準には、人員基準・設備基準・運営基準がありますが、以下のような特徴があります。

> ① 障害種別にかかわらず、共通の基準とすること
> ② サービスの質を向上させるため、日中活動や夜間の居住系のサービスについてはサービス管理責任者を配置することとし、虐待防止などの責務を明確化すること
> ③ 身近な地域で利用者のニーズに応じたサービスを提供するため、同一の施設において複数の日中活動を組み合わせて実施する多機能型の施設も設置可能とすること

以上の３つは、日中活動系、あるいは居住系のどちらの障害福祉サービスを提供する場合にもあてはまります。また、質の高いサービスをより低コストで、一人でも多くの人に提供できるよう、区分・内容・定員・達成度に応じて報酬が設定されています。

たとえば、最低基準や指定基準により、療養介護では医師・看護職員・生活支援員・サービス責任管理者を置く必要があります。これと同じように、他の生活介護や短期入所といった支援制度の

中でも、それぞれ具体的に人員基準について規定されています。

生活介護を行う場合も同じように、医師・看護職員・生活支援員・サービス責任管理者を置かなければなりません。設備についても最低基準や指定基準により、訓練室・作業室・相談室・洗面所・便所を設ける必要があることが決められています。

他にも、自立訓練を行う場合には、管理者・看護職員・理学療法士・作業療法士・生活支援員・サービス責任管理者を配置しなければなりません。これらの決まりについては、最低基準と指定基準の両方に規定されているので、両方の規定を参照する必要があります。

施設系事業では、人口規模が小さいところも、地域の特性と利用者の状況に合わせ、複数のサービスが一体となった運営を行う多機能型が認められています。このことにより、利用者は自分のニーズに合わせて複数のサービスを受けることができます。ただし、事業者の指定は、６年ごとの更新が必要な他、指定の取消しがなされることもあります。指定が取り消されるのは、自立支援給付費の不正請求や検査の拒否といった事由がある場合です（障害者総合支援法50条）。

### ■ 事業者として指定されるために満たすことが要求されている基準

| 基　準 | 内　容 |
| --- | --- |
| 人員基準 | サービス提供に直接必要になる職員についての基準。サービス管理責任者や、サービス提供責任者について規定している |
| 施設基準 | サービスを行う施設についての基準。サービスの質を維持するために最低限必要なレベルを要求している |
| 運営基準 | サービスの内容と提供する手順についての基準。利用者が負担する金額の範囲や虐待防止についての責務について規定している |

## Q 事業者としての指定を受けることができない場合もあるのでしょうか。

**A** 指定障害福祉サービス事業者は、障害者が自立した生活を営むことができるように努めなければなりません。そのために、障害者の意思決定の支援に配慮すると共に、市町村、公共職業安定所、教育機関などとの連携を図りつつ、常に障害者等の立場に立って、適切なサービスを提供するように努めなければなりません。

そのため、サービスを提供する事業者としてふさわしくないと判断された事業者は、障害福祉サービス事業者としての指定を受けることができません。たとえば、以下の事由（欠格事由）に該当する場合、事業者としての指定を受けることはできません（障害者総合支援法36条）。

・申請者が都道府県の条例で定める者でないとき
・事業所の従業者の知識・技能・人員が、都道府県の条例で定める基準を満たしていないとき
・申請者が事業の設備及び運営に関する基準に従って適正な障害福祉サービス事業の運営をすることができないと認められるとき

事業者がこうした欠格事由に該当している場合、利用者に対して、安心・安全な生活を実現させるためのサービスを提供することができないと判断されますので、指定申請をしても却下されてしまうことになります。

その他にも、指定を受けようとする事業者は、障害者総合支援法や障害者総合支援法に基づく基準等と関連のあるさまざまな規定（たとえば、建築基準法、消防法、障害者虐待防止法、障害者差別解消法、労働基準法など）についても、遵守していることが求められます。

**基準該当障害福祉サービスとはどんなものなのでしょうか。受けられるサービスについても教えてください。**

A 基準該当障害福祉サービスとは、指定障害福祉サービスを提供する事業者としての基準は満たしていないものの、介護保険事業所等の基準は満たしているという事業所が、市区町村に認めてもらうことによって、利用者に提供することのできる障害福祉サービスのことをいいます。たとえば、離島である、中山間地域である、などといった理由で、指定基準を満たす事業者の参入が見込めなかったり、特定のサービスの供給が足りない場合に、提供することが認められています。

本来であれば、基準を満たしていない以上、その事業者は障害福祉サービスを事業として行うことはできません。しかし、一定の要件（介護保険事業所の要件を満たしているなど）を満たす事業所であり、かつ、当該地域にサービスの需要があるという場合には、指定基準を満たしていなくても、障害福祉サービスを提供することが認められているというわけです。障害者がサービスに要した費用については、受けたサービスの内容に応じて特例介護給付費または特例訓練等給付費として支給を受けることになります。サービスの内容が、居宅介護・重度訪問介護・同行援護・行動援護・療養介護・生活介護・短期入所・重度障害者等包括支援・施設入所支援の場合には特例介護給付費が支給されることになります。また、自立訓練（機能訓練・生活訓練）・就労移行支援・就労継続支援・共同生活援助の場合には、特例訓練等給付費が支給されます。

なお、基準該当障害福祉サービスの給付決定は、市区町村の判断になるため、事業者は該当の自治体に事前に確認することになります。

# 4 サービス管理責任者について知っておこう

責任の所在を明確にするために配置される

## ◉ サービス管理責任者はどんな仕事をするのか

障害福祉サービスを提供する事業者において、利用者の初期状態を把握した上で、達成すべき目標を設定し、定期的なサービスの評価を行う者のことを、**サービス管理責任者**といいます。利用者に適切なサービスを提供するために、中心的な役割を担うことになります。

事業所は、サービス管理責任者を事業所ごとに配置しなければなりません。これは、サービス提供の内容と実施に対する責任の所在を明確にすることを目的として定められた基準です。なお、サービス管理責任者は、専任の者でなければならないことも定められています。

サービス管理責任者の具体的な仕事としては、①サービス開始前の考慮事項の把握、②到達目標の設定、③個別プログラムの作成、④継続的利用、⑤終了時の評価、といったものが主な内容となっています。

なお、サービス管理責任者以外の人員については、提供するサービスを維持するために必要な職員に限定して、事業ごとに設定されています。

サービス管理責任者になるためには、①障害者の保険、医療、福祉、就労、教育現場などでの実務経験（５年～10年以上）があること、②相談支援従事者初任者研修（講義部分）を修了していること、③サービス管理責任者研修を修了していること、の３つの要件を満たしていることが必須となります。サービス管理責任者の仕事は、障害の特性や障害者の生活実態に関して豊富な知識と経験が必要であり、また、個別支援プログラムの作成・評価を行える知識と技術がなければ勤まらないからです。

## ◉ 実務経験の有無や研修を受けるための要件

前述の②や③の研修は、都道府県単位で実施されています。研修のなかには、年１回程度しか開催されないものや、市町村の推薦が必要なものもあります。したがって、詳細内容については、該当する都道府県の障害者福祉担当の窓口に確認することが重要になります。

東京都の例を挙げてみると、サービス管理責任者研修を受けるための要件としては、東京都内に所在する指定障害福祉サービス事業所において、サービス管理責任者として既に配置されている人、またはこれから配置される人であることが必要とされています。実務経験の有無については、受講時点においては特に問われません。ただし、サービス管理責任者研修は３日間、相談支援従事者初任者研修は２日間にわたって開催されますので、該当する全日程について受講できることが必要になります。

### ■ サービス管理責任者になるための要件 …………………………

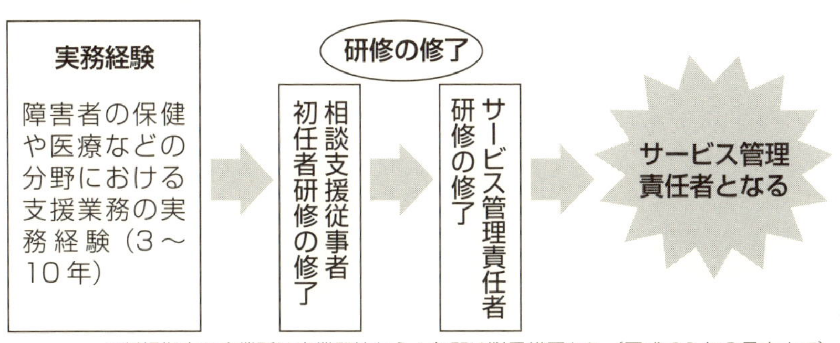

# 5 障害者優先調達推進法について知っておこう

## 障害者就労施設等の経営強化のために定められている

### ◉ どんな法律なのか

**障害者優先調達推進法**（国等による障害就労施設等からの物品等の調達の推進等に関する法律）は、障害のある人の経済的な自立を支援することを目的として平成24年6月に成立、平成25年4月1日から施行された法律です。障害者が経済的に自立するためには、就労の場を確保することが必要です。このため、国等はこれまでにも障害者雇用促進法等によって民間企業での障害者の雇用率向上を図る、障害者への職業訓練や職業紹介を行うといった施策を講じており、一定の成果も上がっていました。

一方、重度の障害があって通勤が困難だったり、軽作業しかできないといった事情がある場合、障害福祉サービス事業所などでの就労が中心となります。しかし、障害福祉サービス事業所などの経営基盤は、「以前は手作業で行っていた軽作業が機械化でなくなる」「景気に左右されて仕事量が不安定」といった事情により脆弱で、経済的に自立できるような収入が見込めないという現状がありました。そこで同法は、国や地方公共団体等に対し、障害福祉サービス等事業所や在宅就労障害者、障害者を多数雇用している企業等から優先的に物品・サービスを購入するよう努力することを求め、事業所等の経営基盤の強化を図っています。

### ◉ どんな事業所に対してどんな発注をするのか

国や地方自治体は、以下の施設などから優先的に物品・サービスを購入するように、努力することになります。

**・障害者総合支援法に基づく事業所・施設等**

就労移行支援事業所、就労継続支援事業所、生活介護事業所、障害者支援施設、地域活動センター、小規模作業所

**・障害者を多数雇用している企業**

障害者雇用促進法の特例子会社、重度障害者多数雇用事業所

**・在宅就業障害者**

在宅で仕事をしている障害者の業務内容にはさまざまなものがあります。たとえば、①部品加工業、パン、クッキー、弁当などの食品製造、家具製造などの製造業、②清掃業、クリーニング業、データ入力やテープ起こし、ホームページ作成などのパソコン業務などのサービス業、③手芸品・陶芸品等自主製品の製造販売などの販売業、④その他の印刷業、軽作業といった業務です。

国や地方公共団体からの具体的な発注内容としては、公園や公的施設の清掃、議会や委員会などの内容を録音した音声のテープ起こし、パンフレットなどの印刷といったことが考えられます。

なお、地方公共団体や地方独立行政法人は、障害者就労施設等への受注が増大するように、必要な措置を講ずるよう努めなければなりません。また、障害者就労施設は、購入者に対して供給する物品の情報を提供するよう努めたり、物品の質の向上や円滑な供給のために努めることが求められます。

## ■ 障害者優先調達推進法に定められている責務 ……………………

| | |
|---|---|
| 国・独立行政法人等 | 優先的に障害者就労施設等から物品等を調達するよう努める責務 |
| 地方公共団体・地方独立行政法人 | 障害者就労施設等の受注機会の増大を図るための措置を講ずるよう努める責務 |

Column

## 社会福祉法人による障害者支援

社会福祉法人とは、社会福祉法に基づいて、社会福祉事業を行うことを目的に設立された法人のことをいいます。社会福祉とは、障害者、高齢者、子どもなど、社会において弱い立場にある人々を支援することにより、社会全体の生活の質や環境の向上をめざすことを目的としています。支援の範囲は、教育・文化・医療・労働など、多岐にわたります。貧困、社会的な孤立、虐待、DVなど、さまざまな社会問題の解決に向けた取り組みを積極的に行っている法人です。

社会福祉法人は、さまざまな障害者施設を運営することで、各地域において必要な障害者支援を行っています。たとえば、社会生活に適応できるように訓練を行う更正施設、働くことへの意欲や技術を身に着ける授産施設、介護や治療を受けられる生活施設などがあります。

社会福祉法人の特徴は、公益性を持っているとともに、営利を目的としていない（非営利性）点にあります。設立する場合は、行政庁による認可が必要です。税法上の優遇措置が受けられるというメリットがある反面、運営について行政から厳しい調査や指導が行われます。

なお、過去に社会福祉法人のメリットを悪用する事業者が発生したことを背景として、平成28年に社会福祉法人法の改正が行われました。事業運営の透明性を保つことや、適正・公正な財務管理を確保することなどを目的とした改正であり、経営組織のあり方にも大きく変更が加えられています。たとえば、平成29年４月１日からは、社会福祉法人は評議員会を必ず置かなければならず、また、一定規模以上の法人の場合には、会計監査人も置く必要があります。

# 第４章

# 障害者を支援する<br>その他の制度

## 1 障害者手帳はどんな場合に交付されるのか

### 身体障害者、知的障害者、精神障害者でそれぞれ違う

### ◉ 障害者手帳を受けるには

障害者に対しては、障害の内容に応じて、身体障害者手帳、療育手帳、精神障害者保健福祉手帳が交付されます。

また、それぞれの障害の状態に合わせて、さまざまな福祉サービスを受けることができます。

**① 身体障害者手帳**

身体障害者手帳とは、身体障害者が日常生活を送る上で、最低限必要な福祉サービスを受けるために必要な手帳です。身体障害者とは、視覚障害、聴覚・平衡機能障害、音声・言語機能又は咀嚼機能障害、肢体不自由、内部障害などの障害がある18歳以上の者で、都道府県知事から身体障害者手帳の交付を受けた者のことを意味します（身体障害者福祉法４条)。障害の程度の重い方から１級～６級に分けられます。なお、７級の障害の場合は基本的に手帳交付の対象外です。しかし、７級の障害を複数持っている場合など、交付が認められるケースもあります。

身体障害者手帳の交付を受けるためには、交付申請書と各都道府県知事により指定を受けた医師の診断書が必要です（身体障害者福祉法15条)。

**② 療育手帳**

知的障害者と認められた人に交付される手帳が療育手帳（東京都では「愛の手帳」）です。東京都においては、申請があった場合、本人との面接や知能検査を経て、手帳交付の有無を判定します。

知的障害者の定義については、知的障害者福祉法にはっきりと

規定されているわけではありません。療育手帳についても、法で定められたものではなく、各都道府県が独自に発行するものであり、知的障害者と判定されても、必ず持たなくてはならないものではありません。療育手帳の交付を受けるには、本人が居住している地域の福祉事務所へ申請します。

### ③　精神障害者保健福祉手帳

精神障害者とは、統合失調症、精神作用物質による急性中毒又はその依存症、知的障害、精神病質その他の精神疾患を有する者のことです（精神保健福祉法５条）。

精神障害者保健福祉手帳は、知的障害を除く精神疾患を持ち、精神障害のため日常・社会生活において制約のある人の自立と、社会復帰・参加を促進して、各種福祉サービスを受けやすくするために交付されます。

精神障害者保健福祉手帳の交付は、精神保健指定医または精神障害者の診断・治療を行っている医師の診断書を提出しなければなりません。手帳は障害の程度の重い方から１級～３級と等級が分かれており、等級により受けられる福祉サービスに差があります。また、２年間の有効期間があるため、期限が切れる前に更新手続きをしなければなりません。なお、精神障害の状態に変化があり、現在の等級が適当でないと思われる場合は、有効期限内でも等級の変更申請をすることが可能です。

### ■ 障害者の種類と交付される手帳

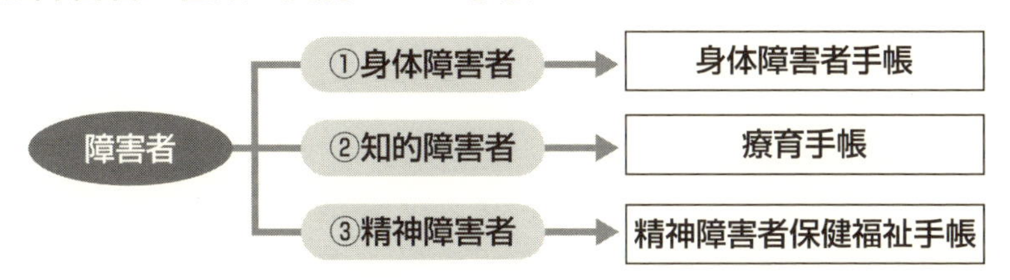

# 2 児童の教育支援について知っておこう

## どの支援が適切かは就学指導委員会が判定する

### ◉ 特別支援学校

障害児の教育を目的とした機関には、特別支援学校、特別支援学級、通級、就学指導委員会などがあります。

特別支援学校は従来の盲学校、ろう学校、養護学校です。平成19年の学校教育法により、特別支援学校に一本化されました。特別支援学校は、視覚障害、聴覚障害、知的障害、肢体不自由、病弱・身体虚弱について程度の重い障害をもつ児童を対象としています。特別支援学校は、平成28年６月時点で全国に1114校存在し、在籍生徒数は高等部が最も多く、６万6000人を超えています。

特別支援学校では、幼稚園、小学校、中学校、高等学校に準ずる教育を行うと共に、障害に基づく種々の困難を改善・克服するために、「自立活動」という特別の指導領域が設けられています。

また、特別支援学校は地域密着の取組みを基本としています。そのため学校として機能するだけでなく、幼稚園、小学校、中学校、高等学校などに在籍する障害児に対して援助を行うアドバイザーとしての役割も担っています。

### ◉ 特別支援学級

特別支援学級は、障害児のために設けられる学級です。通常の学級は普通学級と表現され、区別されています。

特別支援学級は、知的障害、肢体不自由、病弱・身体虚弱、弱視、難聴、言語障害、情緒障害といった障害をもつ児童を対象としています。平成28年６月時点の全国の学級数は、小学校・中学校合わせて約５万4000学級で、生徒数は20万人を超えています。

## ◉ 通級

通級とは、障害児が小中学校の通常の学級に在籍し、普通学級で教育を受けますが、障害の克服に必要な指導だけは特別な場で行うものです。対象となる障害は、視覚障害、聴覚障害、肢体不自由、病弱・身体虚弱、言語障害、自閉症、情緒障害、学習障害（LD）、注意欠陥多動性障害（ADHD）で、障害の程度が比較的軽度の児童を対象としています。平成28年６月時点の全国の生徒数は、小学生・中学生合わせて９万人を超えており、そのうちの約９割が小学生です。

## ◉ 就学指導委員会

就学指導委員会は、都道府県の教育委員会及び市区町村に設置されており、障害の種類や程度に応じた就学指導を行うことを職責としています。

就学について、調査・面談を行い、就学先について判断します。手続きについては各市区町村によって手続きが異なる可能性があるため、教育委員会などに問い合わせて確認してみましょう。たとえば、埼玉県の教育委員会では、入学・入級前の見学や体験入学の相談の他、入学後の相談にも対応しています。

■ 障害児の教育制度

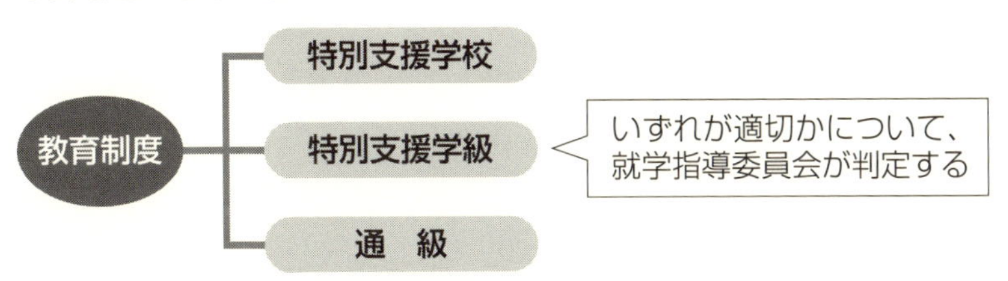

# 3 児童の通所・入所・相談支援について知っておこう

児童に対しても入所・通所の支援サービスが行われる

## ◉ 障害児通所支援

児童福祉法のサービスは、障害児通所支援と障害児入所施設の２つに分けることができます。障害児通所支援とは、障害児にとって身近な地域で支援を受けられるようにするための支援で、地域の障害児・その家族を対象とした支援や、保育所等の施設に通う障害児への施設の訪問といった支援です。

具体的なサービスとしては以下のものがあります。

**・児童発達支援**

身体に障害のある児童、知的障害のある児童又は精神に障害のある児童（発達障害児を含む）に対して、日常生活における基本的な動作の指導、知識技能の付与、集団生活への適応訓練などを行います。

**・医療型児童発達支援**

肢体不自由がある児童など、支援が必要な者に対して児童発達支援及び治療を行うサービスです。

**・放課後等デイサービス**

就学中の障害児に対して、授業の終了後や休業日に、生活能力の向上のための必要な訓練、社会との交流の促進のために支援を行うサービスです。既存の児童デイサービスは「児童発達支援」と「放課後等デイサービス」の両方を併設する「多機能型」という形態をとっている事業所もあります。

**・保育所等訪問支援**

保育所などに通う障害児に対して、集団生活への適応のための専門的な支援などを行うものです。

## ◉ 障害児入所施設

障害児入所施設とは、施設への入所により、必要な支援を行うサービスです。施設には福祉型（福祉型障害児入所施設）と医療型（医療型障害児入所施設）があります。福祉型では、重度・重複障害や被虐待児への対応を図る他、自立（地域生活移行）のための支援を行うものです。医療型では、重度・重複障害への対応と共に、医療サービスの提供があわせて行われます。

## ◉ 障害児相談支援

障害児（身体に障害のある児童、知的障害のある児童、精神に障害のある児童のこと）についても、大人の障害者と同様、指定特定相談支援事業者（市町村長が指定した相談事業を行っている事業者）が就学・就職・家族関係といった基本的な相談をはじめ、計画相談支援サービス利用に関する相談を受け付けており、相談するとサービス等利用計画を作成するなどの支援を受けることができます。また、障害児については障害児相談支援事業者が児童発達支援（障害児に対して身近な地域で行われる支援）や放課後等デイサービス（小学校・中学校・高校に通う障害児に対する支援）といった通所サービスの利用に関する相談を受け付けています。障害児相談支援事業者の指定は市町村が行っており、サービス等利用計画を作成する必要上、原則として指定特定相談支援事業者の指定も両方受けることになっています。障害児相談支援の制度は、障害児通所支援を利用するすべての障害児が利用することが可能です。

なお、前述した障害者入所施設の利用相談については、児童相談所が窓口となります。

## 平成28年の法改正で障害児に対するサービスがどのように見直されたのでしょうか。

平成28年の法改正では、多様化する障害児支援のニーズに対応するため、また、きめ細やかな支援を提供していくため、障害児に関する体制についてもさまざまな強化が行われています。

たとえば、重度の障害などによって外出が著しく困難な障害児に対しては、自宅を訪問して、発達支援を提供するサービス（居宅訪問型児童発達支援）が新設されました。また、保育所等訪問支援（保育所などを訪問して、障害児に発達支援を提供するサービス）については、乳児院や児童養護施設の障害児にも対象が拡大されました。

さらに、障害児へサービスを提供するための体制が、計画的に構築されていくことを目的として、都道府県や市町村に障害児福祉計画の策定が義務付けられました。これらの新しいサービスや計画策定義務は、平成30年４月より施行される予定です。

その他、平成28年の改正では、医療的ケアを要する障害児（医療的ケア児）が適切な支援を受けられるよう、自治体が保健・医療・福祉等の連携促進に努めていくことも定められました（平成28年６月より施行開始）。医療的ケア児とは、人工呼吸器を装着している障害児など、日常生活を営むために医療を要する状態にある障害児のことをいいます。

昨今の医療技術は目覚ましい進歩を遂げていますが、その一方で、人工呼吸器や胃ろう、たんの吸引、経管栄養などの医療的ケアが日常的に必要になる障害児が年々増加しています。このような医療的ケア児が、在宅生活を継続していくためには、保健・福祉・保育・教育などのさまざまな支援が相互に連携して提供されていく必要があります。地域における連携体制が構築され、実効性のある支援が実現されていくことが期待されています。

# 4 住居に関わる支援・制度について知っておこう

施設だけではなく入居に際しても優遇措置が用意されている

## ◉ 公営住宅などへの入居

公営住宅や都市住宅機構の入居者募集や選考の際には、障害者を優遇する措置がとられています。

具体的には、障害者単独あるいは障害者のいる世帯の収入基準の緩和や、当選率を上げるといった措置です。公営住宅については、以前は身体障害者だけ単身入居を認めるという取扱いがなされていましたが、現在では、知的障害者、精神障害者の単身入居も認められています。手すりやスロープ、エレベーターの設置、点字による表示をするなど、障害者の生活に配慮した公営住宅や都市住宅機構の住宅も建設されています。

また、高齢者向けにバリアフリー化され、生活援助員が配置された公営住宅（シルバーハウジング）に障害者や障害者のいる世帯が入居することも可能になっています。

もっとも、公営住宅等における障害者の優遇措置に関しては、住んでいる地域によって対象者や優遇内容が異なる場合があります。そのため、実際に優遇措置を受けようとする障害者は、居住予定の自治体に、優遇措置の内容を確認することが必要です。特に、身体障害者手帳を持つ全員が対象にならない場合があり、一定の障害等級以上の認定を受けていることを要件に挙げている自治体もあります。たとえば、障害等級４級以上に認定されている障害者のみが優遇措置の対象になるという限定を置いている場合があります。また、障害等級１級と２級の重度の場合には、即座に入居可能であるというように、障害者の中でも特に、手厚い優遇措置が図られている場合もあります。

なお、現在、公営住宅が不足する地域で新たに公営住宅の供給を行う場合においても、障害者の優先的な入居が想定されています。たとえば、必要なサービスを受ける施設等に近接した地域に公営住宅の立地を選定するなど、より障害者が利用しやすいような形での公営住宅の供給の促進が進められています。

## ◉ 住宅の建設や増改築時の融資制度

障害者と同居する世帯が、住宅の建設やバリアフリー化をはかるための増改築、リフォームなどを行う際には、住宅金融支援機構による融資制度や、バリアフリータイプ住宅融資、生活福祉資金貸付制度など、低利の融資制度を利用できます。

生活保護法に定められた、住宅扶助、日常生活用具の給付・貸付、住宅設備改造補助などが利用できるケースもあります。

市区町村の福祉関係窓口に相談すると、地方公共団体独自の施策も含め、説明を受けることができます。

融資を受けることができる対象は、それぞれの制度に応じて異なります。たとえば、生活福祉資金貸付制度では、①必要な資金を他から借り受けることが困難な世帯、②身体障害者手帳、療育手帳、精神障害者保健福祉手帳の交付を受けた者がいる世帯、③65歳以上の高齢者の属する世帯が対象になります。

### ■ 障害者の住居を確保するサービス

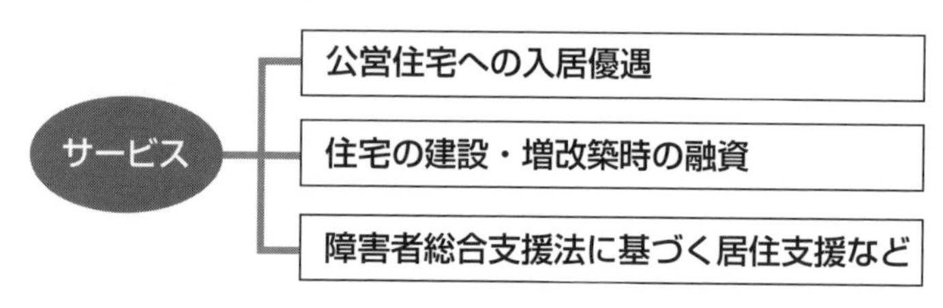

# 5 就労に関わる支援制度について知っておこう

## 障害者の雇用機会を増やすための支援が行われている

### ◉ 求職者給付

求職者給付とは、失業した労働者（被保険者であった者）が再就職するまでの当面の生活を保障することを目的とした雇用保険の給付です。

求職者給付のうち、中心となるのは一般被保険者に対する求職者給付である基本手当です。基本手当の給付は、要件を満たした人に対して、「１日○○円の手当を○○日分支給する」という形で行われます。

支給される基本手当の金額は、離職前６か月間に支払われた賃金にもとにして算定します。失業している１日あたりにつき賃金日額をもとにして計算した基本手当日額、離職前の賃金（賞与を除く）の平均と比べて50％～80％（60歳以上65歳未満の人への給付率は45％～80％）程度の金額が支給されます。

給付日数は離職理由、被保険者であった期間、労働者の年齢によって決定されます。

一般受給資格者とは、定年退職や自己の意思で退職した者のことです。また、特定受給資格者とは、事業の倒産、縮小、廃止などによって離職した者、解雇など（自己の責めに帰すべき重大な理由によるものを除く）により離職した者その他の厚生労働省令で定める理由により離職した者のことです。就職困難者とは、次のいずれかに該当する者のことです。

① 身体障害者

② 知的障害者

③　刑法などの規定により保護観察に付された者

④　社会的事情により就職が著しく阻害されている者（精神障害回復者など）

障害者に対しては、一般の人よりも多めに給付日数が設定されていることになります。

基本手当をもらうためには、原則として、①離職によって雇用保険の被保険者資格の喪失が確認されていること、②現に失業していること、③離職日以前の２年間に通算して12か月以上の被保険者期間があること、の３つが要件になります。求職者給付の基本手当は、ハローワークの窓口で申請して受け取ります。その手続きの中では、離職した理由が聞かれます。ハローワークの側が離職した理由を前の職場に確認することもあります。

## ◉ 常用就職支度手当

常用就職支度手当は、就職が困難な人が支給日数が残っている

### ■ 基本手当の受給日数

**●一般受給資格者の給付日数**

| 離職時等の年齢＼被保険者であった期間 | 1年未満 | 1年以上5年未満 | 5年以上10年未満 | 10年以上20年未満 | 20年以上 |
|---|---|---|---|---|---|
| 全年齢共通 | － | 90日 | | 120日 | 150日 |

**●特定受給資格者が障害者などの就職困難者である場合**

| 離職時等の年齢＼被保険者であった期間 | 1年未満 | 1年以上 |
|---|---|---|
| 45歳未満 | 150日 | 300日 |
| 45歳以上65歳未満 | | 360日 |

受給期間内にハローワークの紹介で安定した職業についた場合に、基本手当日額の40%を支給する制度です。

基本手当の支給残日数が所定給付日数の３分の１以上の場合には再就職手当（早期に就職先を見つけた失業者が基本手当の支給残日数を所定給付日数の３分の１以上残している場合に受給することができる手当）の対象者となるため、常用就職支度手当の対象者は基本手当の支給残日数が所定給付日数の３分の１未満の者ということになります。

常用就職支度手当を受給する場合、新たな就職先が決まった後、事業主から証明を受け、「常用就職支度手当支給申請書」を申請者の住所を管轄するハローワークに提出します。申請書には受給資格者証などを添付し、採用日の翌日から１か月以内に書類を提出します。

## ◉ 法定雇用率の設定

障害者の就労支援については、国や市区町村によりさまざまな取り組みが行われています。障害者の就労意欲の高まりや障害者の雇用の促進等に関する法律の改正により、障害者がより働きやすい環境も、徐々に整備されてきています。

就労の場拡大の一環として、従業員50人以上の企業では「障害者雇用推進者」を設置することが義務付けられています。障害者

### ■ 常用就職支度手当の額

| 支給残日数 | 常用就職支度手当の額 |
| --- | --- |
| 90日以上 | 90日分×基本手当日額×40% |
| 45日以上90日未満 | 残日数×基本手当日額×40% |
| 45日未満 | 45日分×基本手当日額×40% |

の雇用率が低い企業に対しては、法定雇用率2.0％を達成するように指導が行われています。達成率が悪いときは適正実施勧告が行われます。

## ◉ 障害者雇用納付金・障害者雇用調整金

障害者雇用納付金制度は、雇用障害者数が法定雇用率（民間企業の場合は2.0％）に満たない事業主から、その雇用する障害者が１人不足するごとに原則として月額５万円を徴収する制度です。法定雇用率を達成している事業主に対しては、障害者雇用調整金や報奨金が支給されます。

この障害者雇用納付金制度は、大企業だけでなく、常時雇用している労働者数が100人を超える中小企業の事業主にも適用されます。ただし、常時雇用労働者数が100人を超え200人以下の事業主については、平成27年４月１日から平成32年３月31日までの間は、納付金が減額される特例を受けられることになっています。この特例を適用した場合、１人不足するごとに徴収される金額は月額４万円に減額されます。

## ◉ 職業能力開発と職業リハビリテーション

ハローワークでは、障害者の職業能力開発と職業訓練を行っています。また、障害者が福祉的就労から一般的就労へ移行できるようにするために、地域障害者職業センター、障害者職業能力開発校といった機関も設置されています。地域障害者職業センターは、障害者に対して作業手順を覚える、作業のミスを防ぐなどといった直接業務に関わる支援を行います。その他にも、質問や報告を適切に行うなどの仕事を行う前提ともいえる、上司や同僚との円滑なコミュニケーションを促進するための支援なども行っています。地域障害者職業センターは、高齢・障害者雇用支援機構によって各都道府県に設置されています。ハローワークとも連携しており、就職後の職業リハビリテーションを行っています。
障害者職業能力開発学校では、一般の公共職業能力開発施設では受け入れることが難しい障害者に対する職業訓練を行っています。

## ◉ 精神障害者の雇用環境の改善

法的には精神障害者の雇用義務化の方向に動いていますが、企業の受け入れ体制の充実が今後の課題となりそうです。
精神障害者の就労には、さまざまな課題が山積しています。まず、就職先を見つけること自体が難しいという点が挙げられます。現在、障害者雇用促進法では、障害者の法定雇用率を2.0％としていますが、雇用義務の対象者は身体障害者と知的障害者で、精神障害者は対象となっていません。また、せっかく就職できても病気に対する偏見が根強く職場に溶け込めなかったり、病状によっては時間どおりの勤務ができない、決められた作業に集中できないといったこともあるため、職場の理解が得られず居づらくなって短期間で辞めてしまうことが多いというのが現状です。
このような状況を改善するため、助成金が用意されています。たとえば、精神障害者を新たに雇い入れると共に、精神障害者が働きやすい職場づくりを行った事業主は精神障害者雇用安定奨励金を受給することができます。
また、前述した法定雇用率の算定対象は、身体障害者と知的障害者とされていたのですが、平成25年の障害者雇用促進法の改正により、法定雇用率の算定基礎に精神障害者が加えられることになりました（平成30年４月施行予定）。
たとえ法制度が確立しても、受け入れ側の企業の意識や体制が整わない限り安定した雇用が継続できるとは言えず、今後は受け入れ体制の充実が課題になるといえるでしょう。

# 6 精神障害者の医療支援について知っておこう

精神障害者自身や他者への危害を防ぐためのしくみ

## ◉ 特別のルールが定められている

通常、入院医療については、医師が本人に十分説明し、本人の同意を得て行うことが義務付けられています。しかし、精神障害者は、症状を自覚できなかったり、病状によっては自己や他人を傷つけてしまうおそれがあります。

そのため、精神保健及び精神障害者福祉に関する法律（精神保健福祉法）の第５章で、入院について以下のような特別のルールが定められています。

**・任意入院**

任意入院とは、障害者本人が医師の説明を受け、同意した上での入院のことです。精神科病院の管理者は、本人が退院を申し出た場合には、退院させなければなりません。

ただし、精神保健指定医の診察で入院継続の必要ありと認められた場合は72時間、特定医師の場合は12時間に限り退院を拒否できます。

**・措置入院**

警察官、検察官、保護観察所長、矯正施設長には、精神障害者あるいは精神障害者の疑いのある者について通報や届出をする義務があります。

これらの届出などに基づいて診察が行われ、２人以上の精神保健指定医に、入院が必要と診断された場合には、都道府県知事の権限により、その人を精神科病院や、指定病院に入院させることができる制度です。この制度を措置入院といいます。

なお、平成28年７月の障害者施設での殺傷事件においては、措置入院解除後間もなくの容疑者による犯行であったことから、法改正等が検討されています。具体的には、警察や関係機関との情報共有や、措置入院から退院後の治療継続のためのしくみづくりが議論されています。

**・緊急措置入院**

措置入院の手続きをとるためには、２人以上の指定医の診察を経て、その診察の結果が一致することが必要です（精神保健及び精神障害者福祉に関する法律29条）が、そのような時間がないケースもあります。措置入院の手続きをする時間の猶予がない場合、精神保健指定医１人の診断により、72時間以内の入院をさせることができる制度です。

**・医療保護入院**

本人が症状を自覚できず、入院に同意しない場合、家族等のうちいずれかの者の同意によって入院させることができる制度です。

医療保護入院の措置を採ったときは、精神科病院の管理者は、10日以内に、その者の症状などを当該入院について同意をした者

### ■ 精神障害者の入院形態

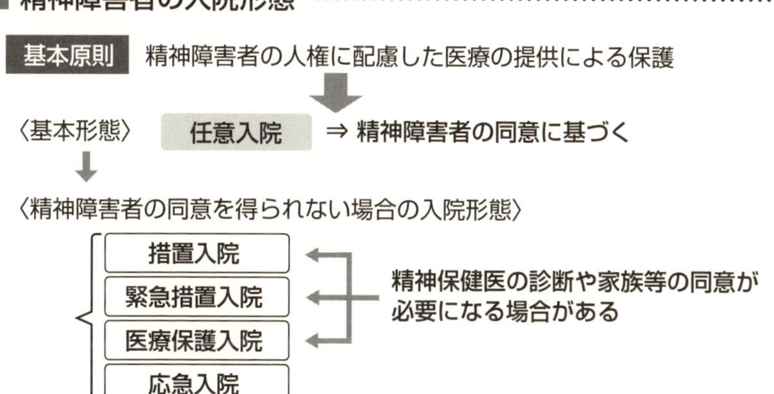

の同意書を添え、最寄りの保健所長を経て都道府県知事に届け出ることが必要です。

**・応急入院**

すぐに入院が必要であると精神保健指定医によって診断され、家族等の同意を得る時間の猶予がなく、本人も同意しない場合、72時間以内の入院をさせることができる制度です。

応急入院の措置をとった精神科病院の管理者は、直ちに、当該措置を採った理由などを最寄りの保健所長を経て都道府県知事に届け出ることが必要です。

**・移送**

精神保健指定医によって、「直ちに入院させないと著しく支障がある」と診断された場合に、本人の同意がなくても応急入院や医療保護入院をさせるため本人を移送することができる制度です。

家族等の同意が得られる場合には、移送は家族等の同意を得た上で行われますが、緊急時で、家族等の同意を得ることができない場合、家族等の同意がなくても移送の措置がとられることがあります。

## ◉ 精神医療審査会

精神科医療においては、やむを得ず本人の同意を得られないまま入院させる場合があります。また、治療のために面会、外出、行動を制限することもあります。そこで、患者の人権を保護するために、「精神医療審査会」が各都道府県に設けられています。精神医療審査会は、精神科病院において適切な医療が行われているか、人権侵害がないかについて調査や審査を行う機関です。入院患者および保護者または家族等は、電話や手紙で、処遇の改善や退院の請求をすることができます。請求があった場合、審査の上で必要な措置がとられます。

# 7 各種手当・優遇措置について知っておこう

各市区町村や税務署などで具体的な内容や措置を確認するとよい

## ◉ 特別障害者手当

特別障害者手当は、重度の障害によって、日常生活において特別な介護が必要である人（20歳以上）に支給されます。月支給額は２万6830円（平成28年度）です。前年度の収入額により、受け取ることのできる支給額に制限があります。

特別障害者手当の支給を受けるためには、市区村町の窓口に申請する必要があります。申請が認められれば、原則として毎年２月、５月、８月、11月に、それぞれの前月分までが支給されます。

## ◉ 障害児福祉手当

障害児福祉手当は、重度の障害によって、日常生活において特別な介護が必要である20歳未満の人に支給されます。月支給額は１万4480円（平成28年度）です。特別障害者手当と同じく、前年度の収入額により、受け取ることができる支給額に制限があります。

障害児福祉手当の支給を受けるためには、住んでいる場所の市区村町に申請する必要があります。その際、所得状況が確認できる書類を提出する必要があります。

## ◉ 特別児童扶養手当

特別児童扶養手当は、20歳未満で、精神や身体に障害を持っている児童をかかえている両親などに支給されます。月支給額は、特別児童扶養手当１級が５万1500円、２級が３万4300円です（平成28年度）。前年度の収入額により、受給額に制限があります。

特別児童扶養手当の支給を受けるためには、市区村町の窓口に申請する必要があります。申請が認められると、原則として毎年４月、８月、12月に、それぞれの前月分までが支給されます。

## ◉ 心身障害者福祉手当

身体障害者手帳、療育手帳（東京都では「愛の手帳」）をもっている人などを対象にして支給されるのが心身障害者福祉手当です。各市区町村で設けられている心身障害者福祉手当は自治体ごとに要件や内容が異なる可能性があるため、確認する必要があります。たとえば、東京都新宿区では、身体障害者手帳１～３級、愛の手帳１～４度、戦傷病者手帳特別項症～２項症、脳性まひ・進行性筋萎縮症の人、区指定の難病の人を対象に支給されます。心身障害者福祉手当の支給を受けるためには、各市区村町の窓口で申請する必要があります。

## ◉ 重度心身障害者手当

重度心身障害者手当は、東京都の条例で定められており、心身に重度の障害があるために、常時複雑な介護を必要とする人に対して支給されます。東京都の区域内に住んでおり、心身に重度の障害がある人が対象で、支給額は月額６万円です。重度心身障害者手当の支給を受けるためには、心身障害者福祉センターで障害の程度の判定を受ける必要があります。その判定の結果に基づいて、手当が支給されるかどうかが決まります。

また、東京都以外でも、個別の条例で重度心身障害者の介護手当の支給を定めている地方自治体があります。

## ◉ 国税の特例

身体障害者手帳に身体障害者として記載されている人、精神保健指定医により知的障害者と判定された人、精神障害者保健福祉手帳の交付を受けている人などは、税の軽減や優遇を受けることができます。所得税の納税者本人が障害者である場合、障害者控除として27万円を所得金額から差し引くことができます。特別障害者と同居している人は、通常の控除額に75万円を加算した額を所得金額から差し引くことができます。

また、戦傷病者、原爆被爆者なども税の軽減や優遇を受けることができます。

## ◉ 地方税の特例

国税だけでなく、地方税についても特例が用意されています。

まず、前年所得125万円以下の障害者は、住民税を免除されます。また、住民税の納税者本人が障害者である場合、障害者控除として26万円を所得金額から差し引くことができます。障害者が特別障害者（重度の知的障害者や身体障害者福祉法に基づく障害等級の程度が１級・２級の身体障害者など）の場合には、差し引く金額（控除金額）が30万円となります。なお、特別障害者と認定された配偶者と同居している人については、所得金額から53万円が控除されます。

### ■ 障害者に適用される税の軽減措置

| | 具体的な軽減措置 |
|---|---|
| 国税の軽減措置 | ・所得税の障害者控除<br>・心身障害者扶養共済制度に基づく給付金の非課税<br>・相続税の障害者控除<br>・特別障害者に対する贈与税の非課税 |
| 地方税の軽減措置 | ・一定の所得を下回る場合の住民税の非課税<br>・住民税の障害者控除　・自動車税の減免制度 |

# 8 障害者のための相談機関について知っておこう

わからないことがあったらとりあえず相談してみるのがよい

## ◉ 福祉事務所と地域活動支援センター

都道府県や市区町村に設置されている福祉事務所では、障害者自立支援法に基づき介護給付・訓練等給付・自立支援医療・補装具費用などを給付します。身体障害者福祉法、知的障害者福祉法などに定められているサービスを提供するのも福祉事務所です。

また、障害をもつ人の生活相談や地域交流の機会を提供している市区町村の施設として地域活動支援センター（28ページ）があります。

## ◉ 保健所

保健所では、それぞれの世帯の状況に合わせ、障害児の療育相談や精神保健福祉相談に応じています。また、障害児の親の相談にも応じ、療養上の相談など、さまざまな不安や悩みなどについても相談に応じています。訪問指導も行います。保健所での精神保健福祉業務が円滑かつ効果的に行われるよう、精神保健福祉センターにより技術指導・援助が行われます。

## ◉ 児童相談所などの各種相談所

児童相談所は、18歳未満の者を対象としており、児童福祉法に基づき各都道府県に設けられます。児童の肢体不自由、視聴覚障害、重症心身障害、知的障害、自閉症などの障害相談を受けることができます。その他の相談所として、身体障害者更生相談所と知的障害者更生相談所などがあります。各都道府県に設置されている身体障害者更生相談所は、18歳以上の身体障害者を対象に専門的な指導を行い、社会参加及び自立を図り、更生医療・補装具の給付に関して医学的・心理学的・職能的判定を行い、施設利用のための情報提供を行います。

知的障害者更生相談所は、18歳以上の知的障害者を対象に専門的な指導を行い、社会参加及び自立を図り、療育手帳の新規・再判定や施設に入所する際に医学的・心理学的・職能的判定を行います。知的障害者更生相談所も、身体障害者更生相談所と同様、各都道府県に設置されています。また、都道府県は、身体障害者更生相談所には身体障害者福祉司、知的障害者更生相談所には知的障害者福祉司を置かなければなりません。

## ◉ ボランティア相談員

民生委員法に基づく民生委員（市区町村ごとに配置されている、地域住民への支援・相談への対応・個別訪問など、地域住民のための活動を行う者のこと）、児童福祉法に基づく児童委員と呼ばれる地域ボランティア制度があります。

原則として身体障害者の中から選ばれる身体障害者相談員、知的障害者の保護者の中から選ばれる知的障害者相談員という地域ボランティア制度もあります。それぞれ障害者や保護者からの相談に応じ、必要な指導・助言・援助を行います。

### ■ 相談先の判断

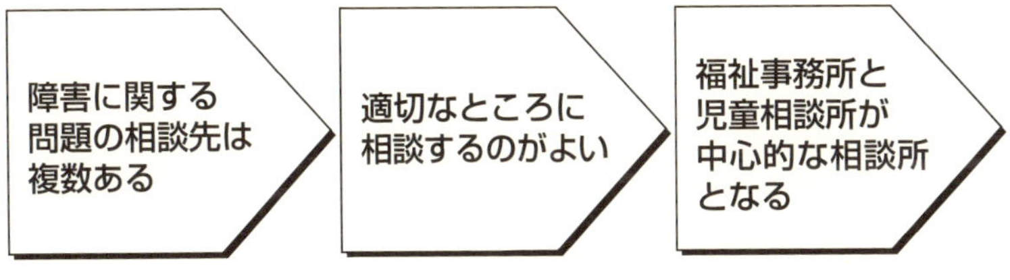

障害に関する問題の相談先は複数ある → 適切なところに相談するのがよい → 福祉事務所と児童相談所が中心的な相談所となる

## ◉ ハローワーク

障害者向けの求人を確保し、就職希望の障害者の求職登録を行い、職業相談、職業紹介、職場適応指導を行います。

また、地域障害者職業センターや、障害者就業・生活支援センターなど、関係機関と密接な連携を保ち、職業リハビリテーションや生活面を含めた支援の紹介をします。

## ◉ 発達障害者に対する支援

自閉症や学習障害といった発達障害に対する支援を図るため、発達障害者支援法が成立しています。発達障害者は障害者総合支援法の対象となる障害者に含まれます。

支援は全国にある発達障害者支援センターで行われています。

さらに、特別な障害を持った人への支援が都道府県の支援機関（病院・施設・リハビリテーションセンターなど）で行われています。特別な障害には、高次脳機能障害や強度行動障害などがあります。

高次脳機能障害とは外傷性脳損傷、脳血管障害などにより脳に損傷を受け、記憶障害などの後遺症が残っている状態を意味します。強度行動障害とは、自分の身体を傷つけたり、他者の身体や財産に害を及ぼすなどの行動上の問題をかかえた障害のことです。

発達障害を早期に発見するための制度も設けられています。市町村は乳幼児や就学児に対して健康診断を行い、発達障害の早期発見に努めています。また、市町村は発達障害児の保護者に対して発達障害者支援センターの紹介やその他の助言を行います。

## ◉ 障害者に対する虐待と障害者虐待防止法

以前から、障害者福祉施設の内部で、障害者に対する虐待が行われているというケースがありました。

障害者に対する虐待は、虐待を行った側が「虐待ではなく指導のつもりだった」と主張することも、虐待があまり表面化しない原因になっていました。また、障害者の中には、自分自身が虐待を受けていることを認識できていない場合がありますし、虐待を受けているという認識があったとしても外部に助けを求めるための手段をもっていない障害者もいます。このような問題を解決するために、障害者虐待防止法が制定されました。

障害者虐待防止法では、①正当な理由なく障害者に暴行を加えること、②障害者に対してわいせつな行為をすること、③障害者に対して言葉による暴力をふるうこと、④障害者を放置して衰弱させること、⑤障害者の財産を不当に処分してしまうこと、などが虐待に該当するとして禁止されています。

なお、障害者に関する相談は障害者生活支援センターで受け付けていますが、虐待についての相談は、市町村障害者虐待防止センターや都道府県障害者権利擁護センターに窓口が設置されています。虐待行為が行われていることに気づいた者（福祉施設の職員など）は、これらの窓口に通報・届出をすることになります。

### ■ 障害者虐待防止法が規定する虐待

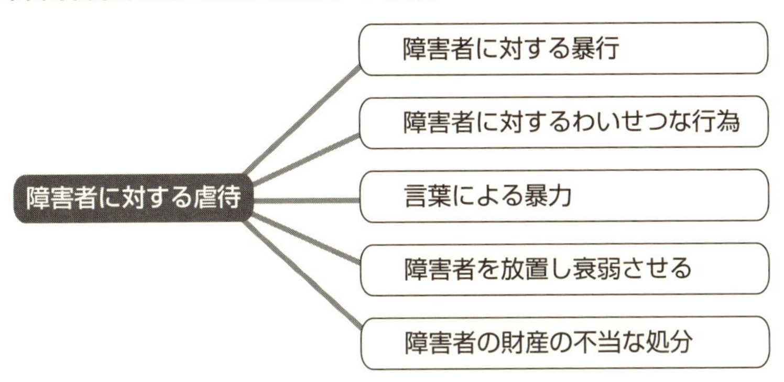

# Column

## 障害者差別解消法とはどんな法律なのか

障害者差別解消法は、正式には「障害を理由とする差別の解消の推進に関する法律」といい、平成25年６月に制定され、平成28年４月１日から施行された法律です。この法律の目的は、すべての国民が障害の有無によって差別されることがない社会や、各々がお互いに人格や個性を尊重しあえる社会を実現させるという点にあります。

障害者の福祉について基本的な理念を定めている「障害者基本法」には、障害があることを理由とした差別行為の禁止や、社会的障壁となっている事項について除去が怠られることにより障害者の権利侵害が生じないよう配慮することなどが定められています。社会において、これらの事項が実行されていくために、行政機関や事業者の義務を具体的に定めたものが、障害者差別解消法です。

国や地方公共団体・事業者には、差別を解消するための措置として、①不当な差別的取扱いの禁止と②合理的配慮の提供が義務付けられています。①の「不当な差別的取扱い」とは、正当な理由もなく、障害があることを理由に、財やサービス等の各種機会の提供を拒否するなど、障害者の権利や利益を侵害する行為のことをいいます。不当な差別的取扱いの禁止は、法的義務として定められています。

また、②の合理的配慮の提供の例としては、障害者の利用を想定して建築物をバリアフリー化するなど、障害者の方が利用しやすいように環境の整備することなどが挙げられます。もっとも、状況に応じて障害者の方に必要な配慮の内容や程度は多種多様ですので、事業者が行う合理的配慮は、努力義務として規定されています。

# 第５章

# 成年後見制度のしくみ

# 1 成年後見制度とはどんな制度なのか

判断能力の衰えた人の保護と尊重を考えた制度である

## ◉ 成年後見制度を利用する場合の注意点

**成年後見制度**とは、精神上の障害が理由で判断能力を欠く人や不十分な人が経済的な不利益を受けることがないように、支援してくれる人（成年後見人等と呼ばれます）をつける制度です。精神上の障害とは、知的障害や精神障害、認知症などです。

平成12年４月に成年後見制度ができる以前は、禁治産・準禁治産制度という制度（旧制度）がありましたが、制度はとても使いづらく、利用するには難しい問題をかかえていたことや、制度ができた当初とは社会事情が大きく変わってきたこともあり、旧制度を廃止して成年後見制度が作られました。

成年後見制度を利用すると財産管理や身上監護について支援を受けることができるというメリットがあります。

その反面、デメリットとして、一定の職業に就くことができなくなります（次ページ図参照）。また、成年後見の開始の申立て

■ 成年後見制度のポイント

| 理念 | 本人の自己決定の尊重と本人の保護の調和 |
|---|---|
| 支援の内容 | ・財産管理（本人の財産の維持・管理）<br>・身上監護（生活に関する手配、療養・介護の手配など） |
| 支援の類型 | ・法定後見制度<br>後見、保佐、補助（本人の判断能力の程度に対応）<br>・任意後見制度<br>本人が契約によって後見人を選任 |
| 公示方法 | 登記制度による（戸籍への記載は廃止） |

をしてから実際に後見が開始するまでの手続きに時間がかかります。ただ、手続きが迅速性に欠ける点については、任意後見制度を利用してあらかじめ準備をしておく、財産管理委任契約を結ぶといった方法で対応することもできます。

成年後見制度を利用できる人は、精神上の障害によって判断能力がない人や不十分な人です。原則として、判断能力がない人の場合には後見、判断能力が不十分な人の場合には保佐や補助の制度を利用することになります。

精神上の障害によることがこの制度を利用する条件となっていますから、身体上の障害がある人は、この制度の対象にはなりません（身体上の障害に加えて精神上の障害もある場合は別です）。

## ■ 本人が受ける制限

【成年被後見人】

| 資格取得の制限 | 医師・歯科医師・薬剤師・弁理士・弁護士・司法書士・行政書士・公認会計士・税理士・社会福祉士・介護福祉士・教員・建築士・株式会社の役員の地位 |
|---|---|
| できないこと | 薬局／旅行業の免許取得や登録を受けること<br>投資顧問業・一般労働者派遣業・警備業・古物営業・風俗営業 |

【被保佐人】

| 資格取得の制限 | 医師・歯科医師・薬剤師・弁理士・弁護士・司法書士・行政書士・公認会計士・税理士・社会福祉士・介護福祉士・教員・建築士・株式会社の役員の地位 |
|---|---|
| 失う権利 | なし |
| できないこと | 薬局／旅行業の免許取得や登録を受けること<br>投資顧問業・一般労働者派遣業・警備業・古物営業・風俗営業 |

【被補助人】

| 資格取得の制限 | なし |
|---|---|
| 失う権利 | なし |
| できないこと | 制限なし |

# 2 法定後見制度について知っておこう

## 本人の保護の程度で利用する制度を選ぶことができる

### ◉ 法定後見制度とは

精神上の障害などの理由によって本人の判断能力を欠くかまたは不十分となったときに、親族などの申立てによって本人を支援するために利用される制度が**法定後見制度**です。法定後見制度で行われる申立てとは、本人を支援する成年後見人等の選任を家庭裁判所に対して求めることです。申立てを受けた家庭裁判所は、成年後見人等を選任します。家庭裁判所に選任された成年後見人等が本人を支援する内容は、法律が定める類型によって「後見」「保佐」「補助」の３つに分かれています。「後見」「保佐」「補助」という類型は、本人の保護を図る上で、本人に残されている判断能力の状況に合わせて柔軟な対応がとれるように考えられた類型です。選任される成年後見人等もこの類型に従って、「成年後見人」「保佐人」「補助人」に分かれます。「成年後見人」「保佐人」「補助人」を総称して「成年後見人等」と呼びます。

本人を支援するために、成年後見人等には、類型やそのケースごとにあわせた権限が与えられます。成年後見人等に与えられる権限には、「代理権」「取消権」「同意権」があります。代理権とは、売買契約や賃貸借契約などの法律行為を本人に代わって行うことができる権限です。同意権とは、本人が契約などの法律行為を行うときに、その行為について同意することができる権限です。取消権とは、本人が行った法律行為を、取り消すことのできる権限です。成年後見人等に与えられる権限は、利用する制度の類型によって異なります。同じ類型でもどの種類の権限をどの範囲まで行使できるかは、本人の状況を考慮して考えることになります。

## ◉ 本人の財産管理と身上監護を行う

成年後見人等は、本人の財産管理と身上監護を行います。

**財産管理**とは、本人の財産を維持すること、管理することです。**身上監護**とは、本人が生活をする上で必要になる、主に衣食住に関する事柄についての手配などを行うことで、実際に介護などを行うことは含まれません。

法定後見制度を利用する場合、本人の財産管理についての権限を誰が持っているかという点で、通常の場合とは異なる場面が出てきます。たとえば土地の売買契約などを本人と行ったところ、後から成年後見人等によって契約を取り消されるようなケースが考えられます。これでは、契約の相手方も安心して契約を行うことができません。そこで、成年後見人等に与えられている権限の範囲について、契約する相手方にもわかるようにしておく必要があります。この点、かつての禁治産・準禁治産制度では、本人の状況について、戸籍に記載することで対応していました。契約の相手方は、戸籍の内容を確認することで、後から契約を取り消される危険を回避することができたわけです。しかし、戸籍にこうした情報が記載されることは、差別や人権侵害につながるとして、問題視されていました。

この問題を解決するため、法定後見制度では、戸籍に記載するという方法を改め、登記制度を採用しました。成年後見人等は、自分に権限があることを登記しておくことにより、相手にその権限の範囲を証明することができるわけです。なお、この登記内容は、土地や建物などの登記とは違い、本人や本人の配偶者、成年後見人等など、一定の権限のある者でなければ、登記事項証明書の発行を申請することができません。

# 3 後見について知っておこう

日常生活に関する行為を除いた法律行為を代理することができる

## ◉ 後見について

後見の対象となるのは、精神上の障害によりほとんど判断能力のない人です。つまり、自分の財産を管理したり、処分したりすることが全くできない状態にある人です。たとえば、判断能力がないために自分だけで物事を決めることが難しい状態、家族の名前や自分が今いる場所などがわからなくなっている状態が常に続いているような場合です。こうした状態にある人を支援する制度が後見で、支援する人を**成年後見人**といいます。成年後見人は、日常生活に関する行為を除いたすべての法律行為を代理して行います。 たとえば、預金・貯金の管理や生活費として使うために行う財産処分、介護サービスを受ける際に締結する契約なども、成年後見人が本人の代理となって行うことができます。

また、成年後見人は、本人が行った法律行為を、必要に応じて取り消すことができます。たとえば、本人が自分に不利益な契約をそうとはわからずに締結した場合、成年後見人がその契約を取り消すことができます。具体的には、本人の所有の土地を市価よりかなり低い金額で売却したような場合に、成年後見人がこの売買契約を取り消し、土地を取り戻すことができるのです。

ただ、日常生活に関する行為については、本人の判断が尊重されます。日用品をスーパーで購入するような場合には、これもたしかに契約ですが、成年後見人が取り消すことはできません。

## ◉ 含まれない仕事

成年後見人に与えられている権限は、日常生活に関する行為を除く行為についての取消権や財産に関する法律行為についての代理権です。つまり、成年後見人が、成年被後見人の生活を維持するために何らかのサービスの提供を受ける必要があると判断した場合に、どのようなサービスの提供を受けるかを選んで、サービスの提供を受ける契約を締結することが、成年後見人の仕事となります。成年被後見人の生活や健康管理のために、何かの労務（サービス）を直接提供するといった事実行為は、成年後見人の仕事ではありません。つまり、料理・入浴の介助などの介護行為そのものは、成年後見人の仕事には含まれません。この点は混同しやすい部分ですので、十分注意しましょう。

なお、成年後見人は、本人の病院入院時や施設入所時の保証人になることもできません。成年後見人は、あくまでも本人と同一の立場の者であり、自分で自分を保証することは不可能だからです。また、結婚や養子縁組等の身分行為や遺言の作成など、本人にしかできない法律行為についても、成年後見人が代わりに行うことはできません。

### ■ 成年後見人等の仕事に含まれないもの

| 法律行為や事実行為 | 例 |
| --- | --- |
| 実際に行う介護行為などの事実行為 | 料理・入浴の介助・部屋の掃除 |
| 本人しかできない法律行為 | 婚姻・離縁・養子縁組・遺言作成 |
| 日常生活で行う法律行為 | スーパーや商店などで食材や<br>日用品を購入 |
| その他の行為 | 本人の入院時に保証人になること<br>本人の債務についての保証<br>本人が手術を受ける際の同意 |

# 4 保佐について知っておこう

## 判断能力が著しく不十分な人を支援する

### ◉ 保佐について

保佐の対象となる人は、精神上の障害によって判断能力が著しく不十分な人です。具体的には、日常生活で行う買物などは自分の判断で行えるが、重要な財産行為については、適切な判断を自分で下すことが難しいという人です。**重要な財産行為**とは、たとえば、家や土地、車などの高額な物の売買や、お金の貸し借り、保証人になるといった行為です。このような場合に、常に誰かの手助けを得る必要がある人を対象としています。

保佐人の同意や家庭裁判所の許可を得ずに本人が重要な行為を行った場合には、保佐人はその行為を取り消すことができます。ただし、本人の不利益とならない契約を本人が行おうとしている場合に保佐人が同意しない場合、本人は家庭裁判所の許可を得ることで、保佐人の同意を得ないで取引を行うことができます。同意権は、通常は「重要な行為」について与えられていますが、申立時に重要な行為以外の行為も含めて申し立てることができます。申立内容に含めた重要行為以外の行為が家庭裁判所に認められた場合、保佐人はその行為についての同意権を持つことができます。

保佐人は成年後見人とは異なり、通常は代理権を持っていません。ただ、家庭裁判所への申立時に、保佐人に代理権を認める法律行為をあらかじめ選んで申請し、その申請が認められた場合には、その特定の法律行為についての代理権を持つことができます。

保佐人が持つ同意権と取消権の範囲については、法律で別途定められています。また、保佐人が代理権を持つ場合の代理権の範囲については、法律では定められておらず、本人が選ぶことになっています。

## ◉ 保佐人が行う重要な行為とは

保佐開始の申立てを行った際に保佐人に付与される同意権や取消権の対象は、重要な行為です。この重要な行為を基準として、それ以外の行為に対しても同意権や取消権が及ぶようにするには別途申立てが必要です。この重要な行為は、民法で定められていますが、具体的には下図のような行為です。

なお、補助（次ページ）を利用する際に、補助人に同意権・取消権を与える場合には、下図の重要な財産行為の中から選んだ内容について申立てを行い、最終的な審判を受けることになります。

### ■ 重要な行為

重要な行為

- ①不動産やその他の重要な財産の売買・担保の設定（重要な財産とは、たとえば、自動車や貴金属などの目に見える物の他、株式や著作権、特許権・商標権などの実体は目に見えないが、重要な価値を持つ権利など）
- ②借金をしたり、他人の保証をすること
- ③元本の領収や利用行為（不動産や金銭の貸付行為、預貯金の出し入れ、弁済金の受領、貸している不動産の返還を受けることなど）
- ④訴訟を行うこと
- ⑤贈与・和解・仲裁契約を結ぶこと
- ⑥相続の承認や放棄を行ったり遺産分割を行うこと
- ⑦贈与や遺言により与えられる財産（遺贈）の受け取りを拒絶すること、負担つきの贈与や遺贈を受けること
- ⑧建物について、新築・改築・増築することや大修繕を行うこと
- ⑨民法で定める期間（山林は10年、その他の土地は５年、建物は３年、土地建物以外の動産は６か月）をこえて賃貸借をすること

# 5 補助について知っておこう

後見や保佐より軽度な人を想定した制度

## ◉ 補助について

補助制度を通して本人を支援する人を補助人といいます。補助人の支援を受ける本人のことを被補助人といいます。

補助制度の対象となる人は、精神上の障害によって判断能力が不十分な人です。判断能力の不十分さの程度は、後見や保佐より軽度な人を想定しています。自分で契約などは締結できるものの、判断能力が不十分であるために、適切な判断が下せるかどうかという点については心配であるような場合で、誰かに手助けしてもらったり代理で行ってもらった方がよい状態にある人を対象としています。補助は、本人の意思を尊重しながら、軽度の障害をもつ人の支援を可能にした制度といえます。補助を必要とする人を支援するのは補助人です。

補助は、後見・保佐とは異なり、補助開始の審判で補助人が選ばれただけでは、実効性はありません。補助を利用し、補助人を定めるという点が決まるだけです。選ばれた補助人にどのような権限を与え、どのような支援を行うかについては、別途「同意権付与の審判」「代理権付与の審判」という別の手続きを経て補助内容を定める必要があります。これらの審判を本人以外の者が申し立てるときは、本人の承諾を必要とします。

補助人に同意権を与える場合には「同意権付与の審判」、代理権を与える場合には、「代理権付与の審判」の手続きを、両方の権限を与える場合には両審判の手続きを経る必要があります。審判で認められた選択内容が、補助人が行うことのできる権限となるのです。補助人は、申立時に選択がなされた特定の法律行為についてのみ、同意権・取消権・代理権のうち本人が承諾した権限を持つことができます。「代理権付与の審判」の手続きしか経ていない場合、補助人に同意権はありませんから、取消権もありません。取消権は、同意権が付与された場合のみ、補助人に認められる権限となります。具体的には、補助人の同意や家庭裁判所の許可が必要な行為を、同意も許可もない状態で本人が行った場合に、はじめて補助人が取消権を利用することができます。

日常生活に関する行為については、たとえ同意権を与えられている補助人であっても取り消すことはできません。

また、補助人に代理権が与えられている法律行為であっても、本人が望む場合には本人が法律行為を行うことができます。ただし、その法律行為を行う場合に補助人の同意も必要な場合には、補助人の同意を得る必要があります。

なお、本人に不利益が生じない法律行為について補助人が同意しない場合、家庭裁判所の許可があれば、補助人の同意を得ずに本人がその法律行為を行うことができます。補助を開始した後になってから、申立てによってその同意権や代理権の範囲を広げることも狭めることも、すべてを取り消すこともできます。

## ■ 補助開始の申立てについて

**本人の判断能力が不十分な場合**
補助開始の申立てを受けた裁判所による調査開始（本人の保護）

**本人が補助開始について同意しない場合**
補助の開始はしない（自己決定の尊重）

**本人が任意後見契約を結んでいた場合**
補助開始の申立ては受理されない（自己決定の尊重）

**本人の判断能力が十分な場合**
補助は開始しない
（身体機能が低下しても判断能力が低下しなければ法定後見の利用は不可）

## ■ 補助・保佐・後見制度

| | | 補助 | 保佐 | 後見 |
|---|---|---|---|---|
| 名称 | 本人 | 被補助人 | 被保佐人 | 成年被後見人 |
| | 保護者 | 補助人 | 保佐人 | 成年後見人 |
| | 監督人 | 補助監督人 | 保佐監督人 | 成年後見監督人 |
| 要件 | 対象者 | 精神上の障害により判断能力を欠く者または不十分な者 | | |
| | 判断能力の程度 | 不十分 | 著しく不十分 | 常に判断能力を欠く |
| | 鑑定の要否 | 原則として不要 | 原則として必要 | 原則として必要 |
| 開始手続 | 申立者 | 本人、配偶者、四親等内の親族、他の類型の保護者・監督人、検察官、任意後見を受任した者、任意後見人、任意後見監督人、市区町村長 | | |
| | 本人の同意 | 必　要 | 不　要 | 不　要 |
| 保護者の責務と権限 | 一般的義務 | 本人の意思を尊重するとともに、本人の心身の状態および生活の状況に配慮する | | |
| | 具体的職務 | 同意権・取消権の範囲における本人の生活、療養看護および財産に関する事務 | | 本人の生活、療養看護および財産に関する事務 |
| | 同意権の付与される範囲 | 申立ての範囲内で家庭裁判所が定める「特定の法律行為」について | 原則として民法13条1項所定の行為について(※) | |
| | 取消権の付与される範囲 | 同上 | 同上 | 日常生活に関する行為を除くすべての行為について |
| | 代理権の付与される範囲 | 申立ての範囲内で家庭裁判所が定める「特定の法律行為」について | | 財産に関するすべての法律行為について |

**※13条1項列挙事由**

①元本を領収し、又は利用すること、②借財又は保証をすること、③不動産その他重要な財産に関する権利の得喪を目的とする行為をすること、④訴訟行為をすること、⑤贈与、和解又は仲裁合意をすること、⑥相続の承認若しくは放棄又は遺産の分割をすること、⑦贈与の申込を拒絶し、遺贈を放棄し、負担付贈与の申込を承諾し、又は負担付遺贈を承認すること、⑧新築、改築、増築又は大修繕をすること、⑨樹木の栽植又は伐採を目的とする山林は10年、それ以外の土地は5年、建物は3年、動産は6か月を超える期間の賃貸借をすること

# 6 成年後見人等にはどんな人がなれるのか

特別な資格は必要ない

## ◉ 成年後見人等を選任する

成年後見人・保佐人・補助人（成年後見人等）は、法定後見を必要とする人を支援する重要な役割を担っています。成年後見人等は、後見開始・保佐開始・補助開始の審判の手続きを受けて、家庭裁判所によって選任されます。以前は、配偶者がいる場合には原則として配偶者が成年後見人等に選ばれていました。今は、裁判所が選任するため、必ずしも配偶者が成年後見人等に選ばれるわけではありません。家庭裁判所は、調査官が中心となって調査を行い、本人の意見も聴いた上で、成年後見人等として適切な人を選びます。家庭裁判所が選任する際には、本人の心身や生活、財産の状況も考慮します。成年後見人等の候補者がどんな仕事をしているか、本人との利害関係がどうなっているか、という点にも注意します。その他のさまざまな事情を考慮した上で、最終的に成年後見人等が選ばれます。成年後見人等になるには、特に資格などは必要ありませんが、なることのできない人もいます。成年後見人等になれない人とは、たとえば、以前に成年後見人等を解任されたことがある人や、未成年者、破産者などです。

## ◉ 成年後見人等の候補者がいない場合

成年後見人等の候補者や法定後見の内容について親族間での意思の統一が図られているような場合には、候補者を立てた上で候補者についての必要書類も準備して申立てを行った方が、法定後見の開始時期が早まる可能性があります。しかし、親族間で意見がまとまっていない場合や適切な候補者が見当たらない場合には、候補者を立てずに申立てを行うこともできます。候補者を立てずに法定後見の申立てを行った場合、家庭裁判所が申立人から事情を聴いたり本人の意向を聴いて、さまざまな事情を考慮した上で、成年後見人等に適した人を選任します。

## ◉ 成年後見人等の人数

成年後見人等の仕事の範囲が広すぎて、一人で行うには不適当な場合もあります。たとえば、本人所有の不動産などの財産が、離れた場所にいくつかあるような場合です。また、本人が入所している福祉施設が自宅から遠いような場合、福祉施設で必要になる生活費用や施設への支払いといった財産管理と、自宅の財産管理を一人で行うには負担が大きい場合なども考えられます。このような場合には、各地の財産管理を、複数の成年後見人等に分担して、まかせることもできます。

財産管理は１か所ですむ場合でも、成年後見人等が行う仕事内容が、財産管理だけでなく、身上監護や法律問題の対応など、いくつかの専門性のある内容に分かれているような場合もあります。このようなケースでは、複数の成年後見人等が、それぞれの専門分野を担当した方が、本人のためにもよい場合があります。たとえば、財産関係、福祉関係、法律関係といった具合に担当する内容を分担し、別の人が対応した方がよい場合には、複数の専門家がそれぞれの専門分野を担当する成年後見人等に選任される場合もあります。このように、法定後見制度では、一人の人を支援するための成年後見人等が、複数の人で構成されることもあります。

## ◉ 成年後見人等になれる法人とは

かつての禁治産・準禁治産制度では、本人の配偶者や親族が後見人等になっていました。しかし、現在の法定後見制度では、配偶者や親族以外の人や法人なども、成年後見人等になることができます。親族以外の人が成年後見人等になることができるようになったため、法律や福祉、資産管理の専門家などが選任されるケースも増えてきました。また、法人が選任される場合もあります。実際に、社会福祉法人や公益法人などが成年後見人等として選任されるケースが少しずつですが増えています。複数の法人が、それぞれの専門分野についての成年後見人等になることもできます。成年後見人等の候補者が法人の場合、家庭裁判所は、法人がどんな事業を営んでいるのかについて、具体的な内容についても調べます。また、その法人や法人の代表者と本人の間に利害関係がないか、チェックします。本人との間に利害関係が生じている法人は、本人に不利益となる可能性があるため、慎重に判断されます。

このように、本人に不利益になるような事情がないかを確かめ、本人の意向なども汲み取って、本人のためによいと判断した場合には、家庭裁判所は法人を成年後見人等に選任することもあります。

### ■ 成年後見人等を選ぶ際の判断材料の例 ……………………………

- 心身・生活・財産上の本人の状況
- 本人の意見
- 成年後見人等の候補者の経歴・職業・法人の場合の事業の内容
- 成年後見人等が法人の場合には、その法人の代表者と本人との利害関係
- 成年後見人等の候補者が、未成年者や行方不明者・破産者ではないこと
- 成年後見人等の候補者やその親族等が本人に対して訴訟を起こしていたり起こしたことが過去にないこと

# 7 後見人等の義務・仕事について知っておこう

本人の意思を尊重し、本人の身上に配慮する義務がある

## ◉ 成年後見人等に課せられている義務

成年後見人等は、本人の法律行為に関する強力な権限を持つと同時に、本人に対する意思尊重義務と身上配慮義務を負います。

意思尊重義務とは本人の意思を尊重することで、身上配慮義務とは本人の状態や状況を身体、精神、生活の面において配慮することです。成年後見人等は、本人に対する義務以外にも、家庭裁判所によって自身の仕事の状況を家庭裁判所に報告することを義務付けられることがあります。また、家庭裁判所だけでなく成年後見監督人等による監督も受けます。

なお、本人が住んでいる土地建物の処分などを行う場合には、家庭裁判所の許可が必要です。処分とは、具体的には、成年被後見人等の自宅を売却したり、抵当権を設定したり、他人に貸すことです。また、すでに他人に賃貸している土地建物について、その賃貸借契約を解除する場合も、家庭裁判所の許可が必要です。

## ◉ 成年後見人等に就任するとどんなことをするのか

各種の後見開始の審判が確定すると、後見の種類・後見人の氏名・住所・被後見人の氏名・本籍住所などが登記されます。後見人としての職務の処理にあたり、後見人であることの確認を受けることがあるため、必要書類を法務局に提出した上で、登記事項証明書を取得しておきます。続いて、本人の財産を特定します。不動産、預貯金、有価証券などは、名義を確認することで本人の財産であるか否かを特定することができます。ただ、性質上名義

を確認できないものや、本人が他の人と同居している場合には、その区別の際に注意を要します。たとえば、現金については、本人の保管する財布や金庫の中のものであれば本人の財産であると判断してよいでしょう。また、骨董品など価値のある動産についても、本人のものと判断できるのであれば管理する財産に含まれることになります。マイナスの財産（ローンなど）についても把握する必要がありますので、通帳の引き落とし履歴や金融機関からの郵送物などを確認するようにします。

一通りの財産を特定後、家庭裁判所から送付された財産目録（初回報告）の該当する箇所に記載し、その裏づけとなる資料（通帳のコピーや不動産の権利証など）を保管します。

次に、関係機関（金融機関や市区町村など）へ後見人の届出をします。成年後見登記事項証明書、後見人の印鑑証明書、後見人の身分証明書、後見人の実印等はよく使用するため、必ず準備しておきましょう。最後に、本人の生活状況と経済状況を把握し、今後の方針を検討しつつ、年間収支予定表（初回報告）を作成します。これらすべてが終了した後に、家庭裁判所に必要書類を提出し、最初の報告を行うことになります。

なお、家庭裁判所に対する最初の報告は定められた期限を守って、必要書類を提出しなければなりません。しかし、定められた期限にこれらの書類を提出することが難しい事情がある場合には、連絡票に提出が間に合わない理由・提出が可能になる見込み時期を記載して、家庭裁判所に送付する必要があります。

## ◉ 就任中の仕事と定期的な報告

成年後見人等は初回の報告後も、毎年一定の時期に裁判所に対して、後見事務に関する報告をしなければなりません（定期報告）。後見人等は必要書類を備えて、裁判所に対して持参または郵送により定期報告を行います。

定期報告では、後見事務等報告書（定期報告）を提出しなければなりません。後見事務等報告書は、質問事項に解答する形式をとられていることが多く、本人の身上に関する事項（健康状態等の変動の有無など）や財産状態の変更の有無等について、報告を行います。また、初回の報告と同様に定期報告においても財産目録（定期報告）の提出が求められます。特に定期報告においては、財産の内容に変化があったことを報告する目的がありますので、財産の内容に変化があった項目についてはもちろん、変化がなかった財産も含めて、本人の現在の財産状態をすべて記載する必要があります。財産として特に重要な預貯金や現金の記載は必須項目といえ、その預貯金や現金を管理している人を明確にしなければなりません。さらに、定期報告では、後見人等が行った後見事務等の足跡を示すことに意義があり、必要に応じて収支状況報告書の提出が求められることもあります。後見人等は、後見事務に必要な収支に関しては、すべて必要書類を保管しておき、提出が求められた場合に備えておく必要があります。

### ■ 成年後見人等の行う報告

成年後見人等に就任

▼

本人の財産の特定、財産目録の作成

▼

家庭裁判所へ報告（初回）（※財産目録と年間収支予定表を提出）

▼

後見事務の遂行（財産の管理と身上監護）

▼

家庭裁判所への定期報告

# 8 財産管理や費用請求の問題点について知っておこう

本人のための支出は原則として本人の財産から支払われる

## ◉ 交通費として認められる場合とは

成年後見人が本人のために職務を遂行する上で交通費を支出した場合、この交通費については原則として本人の財産から支払われます。具体的には、後見事務を行うのに病院や金融機関、法務局などに出向く必要があった場合に、それにかかる交通費などが該当します。

ただ、この交通費は、公共の交通機関を利用した場合が想定されています。したがって、電車やバス、地下鉄などの乗り物を利用した場合にかかった交通費については認められます。一方、タクシーを利用した場合には、タクシーを利用せざるを得なかった、といった事情がない限り、認められにくいといえます。

## ◉ 本人のために車を購入した場合

通常、成年後見人は後見事務を行う際に必要があって支払った費用などについては、本人の財産から支払いを受けることができますが、どのようなものでも認められるわけではありません。仮に、成年後見人が後見事務に伴って何らかの費用を支出したとしても、それが適切なものと認められない場合には、本人の財産から支払いを受けられない場合もありますから、注意が必要です。

本人のために車を購入する場合も同様で、それが単に本人の介護や送迎のために購入した、というだけでは適切な支出と認められない可能性が高いといえます。ただ、車がなければ本人が介護を受けられない場合やバスなどの公共の交通機関が利用できない状況で通院などの度にタクシーを利用しなければならない場合には、車を利用した方が経済的なこともあります。このような場合には、車を購入することも適切な支出と認められる可能性があります。

## ◉ 本人のための支出に含まれるものとは

本人のための支出については、原則として本人の財産から支払うことができます。ただ、財産には限りがありますから、本人にとって適正な支出であることはもちろん、有効に利用する必要があります。

そのためには、常に支出の状況を把握して、支出内容を証明できる領収書などを保管すると共に、本人のために成年後見人が支出した分と第三者が支出した分を明確に区別するようにしなければなりません。特に本人と成年後見人等が親族であるような場合には、つい財産管理があいまいになりがちです。しかし、本人のために設けられた成年後見制度における成年後見人という地位に基づいて、本人の財産管理を行っている以上、そのようなことは許されません。

本人の財産から支出する場合には、それが①適正な支出であること、②一般的な常識と本人の財産状況に従って誰もが納得できるような支出であること、が必要です。

適正な支出とは、本人の医療費、施設費、税金、社会保険料、財産の維持管理費、負債の返済費用、本人の身上監護のために必要な費用、後見事務や後見監督のために必要な資料収集費用などです。また、本人と本人の被扶養者の生活に必要な費用も当然必要です。

なお、後見や保佐開始の申立てをする際に、本人の判断能力などを専門的に判断するために、鑑定人による鑑定がなされます。

この鑑定も本人のための支出といえそうですが、鑑定にかかる費用については、原則として、申立人が負担することになっています。したがって、鑑定にかかった費用を本人（成年被後見人等）の財産から申立人（後見人等）に返すことはできません。

## ◉ 複数の収入がある場合の注意点

本人の年金や家賃の受取口座が複数ある場合には、できるだけ1つの口座にまとめるようにした方が管理は楽です。

まとめる際には、振り込まれる金銭が家賃や年金そのものである場合には問題ありませんが、何らかの手数料や費用などが差し引かれた後の金銭が振り込まれている場合には、後に収支がわからなくならないように、明細書などをつけて、その金額が何の金額なのかを明らかにしておくようにした方がよいでしょう。

特に家賃などの場合には、管理業者などの手数料が引かれている可能性があるので注意が必要です。

## ◉ 親子であれば口座の引き落とし手続きができるのか

たとえば、親が知的障害のある20歳を過ぎた子（親の親権の及ばない子）の世話をしているようなケースでは、「親子関係にあるのだから本人の財産管理をしても問題ないだろう」と思いやすい傾向にあります。しかし、「親」や「子」ということだけで、本人の財産を管理することはできません。

たとえば、子に知的障害がある場合、子の財産として障害手当など各種福祉手当が子の口座に振り込まれることがあります。親が、この手当を子の生活費に充てるため、必要な額を引き出そうと考えた場合であったとしても、子の口座から自由に引き落としを行うことはできないのです。引き落としだけでなく、銀行での取引全般についても同様のことがいえます。このような場合、成年後見制度を利用して、親を成年後見人に選任することで子の財産の管理などをすることができます。子が未成年のときに任意後見契約を結んでいるケースでは、両方の制度を同時に利用することはできないため、調整することになるでしょう。

## ◉ 預貯金口座の管理について

預貯金の口座を管理する場合、本人の名義のまま、本人の届出印のままで管理することはできません。必ず、本人の口座がある金融機関の支店に成年後見の届出をする必要があります。

通常は、「○○○○成年後見人△△△△」というように名義変更をすることになります（○○○○の部分には被後見人の氏名、△△△△の部分には成年後見人の氏名が入ります）。こうすることにより、本人の財産と成年後見人の財産が混同することを防ぐことができます。複数の預貯金口座があって管理が大変な場合には、できる限り１つの銀行口座にまとめるようにします。その際には、入出金の状況に注意して口座を閉じた後に不都合が生じないようにする必要があります。預貯金以外の金融商品の口座については、本人の財産が保護されるかどうか、という観点から、慎重に取り扱う必要があります。特に金融商品についてはペイオフの対象となっている安全な資金を投機的な金融派生商品に変えるようなことは行わないようにしましょう。

成年後見人として本人の財産を管理することになった場合には、本人の支出・収入・預貯金について確認する必要があります。銀行の通帳などで確認することになりますが、その際、過去にさかのぼってどのようなものが引き落とされているのかを確認する必要があります。口座から一定額の引き落としが定期的になされている場合には、その根拠となる契約書を探し、契約内容が適切かどうかを確かめる必要があります。不要な契約は解除するようにしましょう。そうした書類が一切ない場合には、相手方に問い合わせて取引内容を確認するようにします。

## ◉ 不動産を処分する場合の注意点

成年後見人には後見事務を行う際に包括的な権限が与えられています。したがって、成年後見人が本人の不動産を処分する場合、それが本人にとって必要であれば認められます。

ただ、その不動産が居住用の不動産である場合には、家庭裁判所の許可が必要になります。居住用の不動産とは、本人が現に住んでいたり、今後帰宅する可能性がある住居とその敷地をいいます。仮に成年後見人が家庭裁判所の許可を得ずに本人の居住用の不動産を処分した場合、その行為は無効となります。

なお、不動産の処分とは、売却、抵当権の設定、賃貸などをいいます。

## ◉ その他こんなことに気を付ける

成年後見人には、本人の財産を守る任務があります。したがって、財産が不必要に減るような事態は避けなければなりません。しかし、本人のためだからといって、危険を冒してまで、積極的に財産を増やそうとする必要はありません。たとえば、定期預金で管理している金銭を、元本保証のない投資信託などに切り替えた場合、一時的に本人の財産が増えたとしても、将来的には財産を減らしてしまう可能性があります。このような行為は、財産を適正に管理するという義務に違反します。適正な管理を怠り、本人に損害が生じた場合、後見人は損害賠償責任を負います。たとえ、親子など身内の間柄であっても、後見人としての行為は免除の対象になりませんから、十分に注意して管理するようにしましょう。

# 9 後見人の任務の終了について知っておこう

## 辞任する場合には正当な理由が必要である

### ◉ 後見人の任務が終了する場合とは

原則として以下の事由が生じた場合、後見人の任務は終了します。

**① 後見開始の審判が取り消された場合**

後見開始の審判が下された後であっても、本人の症状が軽くなり保佐や補助が適当だ、ということになれば、保佐や補助に変更することもあります。この場合、後見人の任務は終了します。

**② 本人・後見人が死亡した場合**

本人や後見人が死亡した場合も当然のことながら、後見は終了します。

**③ 後見人が解任された場合**

後見人に不正な行為があった場合や著しい不行跡があった場合、また、後見の任務を行うのに適さない事由が生じた場合には後見人が解任されることがあります。この場合も、後見人の任務は終了します。

**④ 後見人が辞任できる場合**

成年後見人等は、勝手に辞任することはできません。辞任するには家庭裁判所の許可が必要です。

辞任は、正当な事情や理由がある場合に限って認められます。たとえば、後見人が病気になった場合や高齢になった場合、遠隔地に転居した場合などで後見事務を円滑に行うことができなくなった場合には、正当な事由があるとして後見人の辞任が認められます。この場合も後見人の任務は終了します。

## ◉ 任務終了時の手続きについて

後見人が辞任する場合は辞任の申立てをしますが、その他、後見人の死亡以外の理由で終了する場合は、次のような手続きをとります。本人が死亡した場合には、家庭裁判所に連絡して除籍謄本などの必要書類を提出し、法務局には後見終了の登記申請書を提出します。本人の財産については、収支を計算した上で財産目録を作成し、相続人や後見監督人に報告すると共に財産を相続人などに引き継ぎます。後見人が変更となる場合は、本人か後任者に財産を引き継ぎます。このように、後見人が死亡したときを除けば、後見人の任務終了時には、必ず「管理してきた本人の財産の引き継ぎをする」という作業が必要になります。これは大変重要な作業になりますから、引き渡す相手や内容を間違えないよう、正確に対応しましょう。また、すべての事務が終了したら、最終的に家庭裁判所に報告することも必要になりますので、この点も忘れずに行うようにしましょう。

なお、後見人自身が死亡した場合には、速やかに後任の後見人が選任されることになりますが、財産の引き継ぎは、死亡した元後見人の親族が行うことになります。

### ■ 成年後見人等の任務が終了する事由と財産の引き継ぎ ………

| 任務終了の事由 | 財産を引き継ぐ相手 |
|---|---|
| 後見開始の審判の取消し | 本人 |
| 本人の死亡 | 遺言あり：遺言執行者など |
| | 遺言なし：相続人 |
| | 遺言・相続人なし：相続財産管理人 |
| 後見人の死亡 | 後任の後見人（元後見人の親族から） |
| 解任 | 後任の後見人 |
| 辞任 | 後任の後見人 |

# 10 後見人等を監視する制度もある

本人の不利益の有無を監督する成年後見監督人と任意後見監督人

## ◉ 成年後見監督人とは

家庭裁判所に選任される成年後見人等は、同意や取消・代理といった法律行為を通じて本人を支援します。成年後見人等に与えられた権限は本人を支援するためのものですが、適切に行使されない場合には、本人に不利益が生じてしまうおそれがあります。このため、成年後見人等の活動状況をチェックする人が不可欠になります。

成年後見人等を監督するのは、通常は家庭裁判所です。家庭裁判所以外では、成年後見監督人・保佐監督人・補助監督人が成年後見人等の活動を監督する役割を担います。成年後見人を監督する人が成年後見監督人、保佐人を監督する人が保佐監督人、補助人を監督する人が補助監督人で、あわせて成年後見監督人等と総称します。

成年後見監督人等は、本人や本人の四親等内の親族、成年後見人等の申立てを受けて選任されます。家庭裁判所の職権で選任されることもあります。

成年後見監督人等は一人でも複数でも法人でもかまいません。

ただし、家庭裁判所は、成年後見監督人等を選任する際に、成年後見人等との間に利害関係がないか、注意して選任します。成年後見人等との間に利害関係が生じている候補者が成年後見監督人等になってしまうと、チェックが行き届かないおそれがあるからです。

具体的には、成年後見人等の配偶者や直系血族、兄弟姉妹などが除外されます。法人の場合には、法人の種類と事業内容なども利害関係が生じているかどうかの判断材料となります。

この他、未成年者や破産者、それまでに成年後見人等を解任された経験のある人なども除外されます。一度成年後見監督人等になると、辞任するには家庭裁判所の許可が必要になります。家庭裁判所が許可するのは、辞任に正当な事情や理由がある場合に限られます。たとえば、遠隔地に転勤になった場合や高齢になった場合で職務を果たすことができないような場合です。一度引き受けると辞任しにくい点や、核家族化・高齢化が進む現状から、成年後見監督人等には、専門家や法人が選ばれるケースが増えています。たとえば法人では、社会福祉協議会などの社会福祉法人や福祉関係の公益法人やNPO法人をはじめ、営利を目的としている民間企業なども、裁判所が適切であると判断した場合には選任されています。また、司法書士や弁護士、社会福祉士といった専門家が選任されるケースも増えています。

## ◉ 成年後見監督人の仕事

成年後見監督人等は、成年後見人等が適切に職務を行っているかをチェックするのが仕事です。成年後見人等の職務遂行状況を把握するため、成年後見監督人等は、成年後見人等に対して定期的な報告や必要な資料の提出を求めます。そして不正な行為を見

### ■ 成年後見監督人の選任

つけた場合には、家庭裁判所に成年後見人等の解任を申し立てることができます。不正な行為とは、本人の財産を横領した場合や、私的に利用した場合の他、違法行為や社会的に非難されるような行為のことです。また、成年後見人等の行いが、成年後見人等として不適格であると判断できるほどに著しく悪いような場合で、本人の財産管理をそのまま続けさせるのが危険であると判断した場合も解任の申立てを行うことができます（著しい不行跡）。不正な行為とまではいかなくても、成年後見人等が権限を濫用したり、財産管理の方法が不適当だと思われる場合、任務を怠った場合も、解任の申立てを行うことができます（その他成年後見人等に適さない事由）。成年後見監督人が判断するのは、本人の財産の管理についてだけではありません。成年後見人等が死亡した場合や破産手続開始決定を受けた場合には、すぐに成年後見人等の後任者

## ■ 成年後見人と成年後見監督人の関係

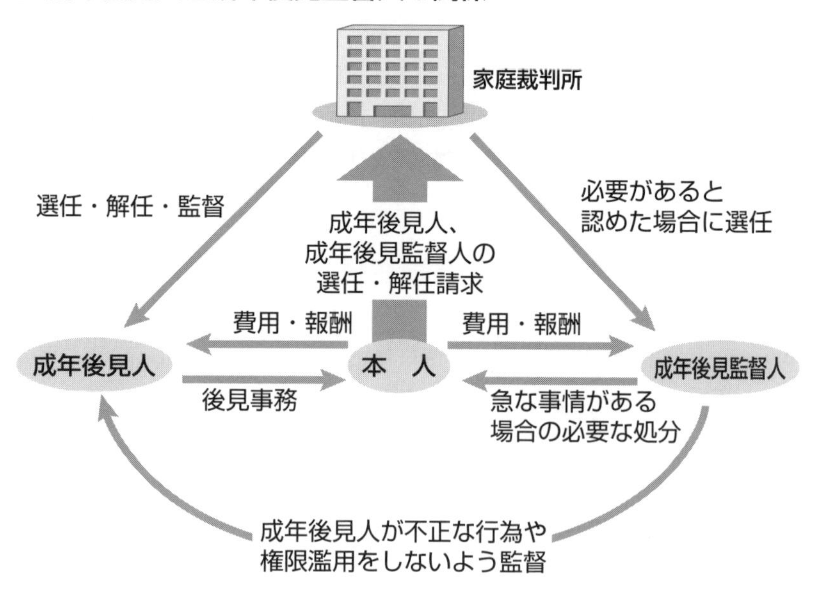

を選任するように家庭裁判所に申し立てなければなりません。

緊急時には、成年後見人等に代わって必要な職務を行うことも成年後見監督人等の職務です。また、本人と成年後見人等の利益が相反する状況になった場合には、成年後見監督人等は成年後見人等に代わって、本人のために行為をします。つまり、後見の場合には、成年後見監督人が本人を代理し、保佐や補助の場合には、保佐監督人・補助監督人が本人の行うことを代理するか、同意する職務を果たすことになります。

なお、成年後見人等が法人の場合で、その法人や法人の代表者と本人の利益が反する場合も、成年後見監督人等は、本人のために、同様の対応を行います。成年後見監督人等は、成年後見人等が本人の意思を尊重しているか、本人の身上監護を適切に行っているかについてもチェックします。

成年後見人等の職務を監督し、解任の申立てを行うこともできる成年後見監督人等ですが、成年後見監督人等に解任事由が生じた場合は、自身が解任される場合もあります。

成年後見監督人等が解任される理由は、成年後見人等と同様で不正な行為を行った場合、著しく不行跡であった場合（成年後見人としての行いが著しく不適格である場合）、その他成年後見監督人等に適さない状況にある場合です。解任の申立ては、本人、本人の親族、検察官の他、家庭裁判所が職権で行うこともできます。

## ■ 成年後見監督人等の選任と辞任

| | 成年後見監督人等の進退 | 基　準 |
|---|---|---|
| 選 任 | 家庭裁判所が必要があると認めたとき | 本人との利害関係の有無・適性の有無 |
| 辞 任 | 家庭裁判所の許可が必要 | 正当な事由の有無 |

# 11 任意後見制度について知っておこう

本人の判断能力があるうちに支援内容を定めておく制度

## ◉ 障害者を保護する制度としての任意後見制度の活用

障害をもつ子が未成年という場合、親などの親権者が子の面倒を見ているというケースが多いでしょう。

もっとも、親がいつまでも元気という保障はありませんし、突然の事故で親が死亡してしまうということもあります。そのような事態に備えて、利用できるのが**任意後見制度**です。任意後見制度を利用することで、親が子の面倒を見ることができなくなったときに、代わりに子の面倒を見てくれる任意後見人をあらかじめ選んでおくことができます。実際には、将来、親の死亡といった事態が生じたときに、受任者などが申立てをすることで、任意後見の効力が生じます。

子が成人を過ぎてしまうと、親であることを理由に子を代理して任意後見契約を結ぶということはできなくなるため、子が未成年のうちに備えておくことが重要です。

## ◉ 任意後見人の選任

任意後見制度は、将来自分の判断能力が不十分になったときに依頼する後見事務の内容と後見事務をまかせる相手を、本人が契約を結ぶ際に必要な判断能力を有しているうちに、契約で決めておく制度です。

任意後見制度を利用した場合に、本人を支援する人を任意後見人といい、支援内容を定める契約を**任意後見契約**といいます。こ本人と任意後見契約を結んで、将来本人の任意後見人として支援することを約束した人を**任意後見受任者**といいます。

任意後見の契約書は、本人と任意後見受任者が公証役場に出向いて、公正証書で作成します。公証役場では、本人の意思と代理権の範囲などを公証人が確認します。任意後見契約書を作成した後、公証人は、管轄の法務局に任意後見契約の登記を嘱託します。法務局では任意後見契約について、本人と任意後見受任者が誰であるか、代理権の範囲がどの程度であるか、といった内容が登記されます。

本人と任意後見受任者の間で任意後見契約を結んだだけでは、効力は発生しません。本人の判断能力が衰えたときに、家庭裁判所に任意後見監督人の選任が申し立てられます。そして、実際に任意後見監督人が選任されたときに任意後見受任者は任意後見人となり、契約の効力が発生します。

## ◉ 任意後見受任者が任意後見人に適さない場合

実際に任意後見契約の効力が発生した場合に、任意後見受任者

### ■ 任意後見契約の効力が生じるしくみ

**任意後見契約締結** -------------- **任意後見契約の効力＝未発生**

↓（本人と任意後見受任者の間で締結）

**本人の判断能力の低下**

↓

↓（任意後見受任者などによる申立て）

**任意後見監督人の選任** -------------- **任意後見契約の効力＝発生**

**Point**
- 任意後見契約を結んだだけでは効力は生じない
- 本人の判断能力が低下しただけでは任意後見契約の効力は生じない
- 任意後見監督人が選任されてはじめて任意後見契約の効力が生じる

が任意後見人となり、本人の支援を行うのが原則です。

しかし、任意後見監督人を選任する段階で任意後見受任者が任意後見人に適さないと判断された場合には、この選任自体が却下され、任意後見契約の効力は発生しません。たとえば、本人に訴訟を起こしたことのある任意後見受任者や直系の血族の中に本人に訴訟を起こした者がいる任意後見受任者は、任意後見人としてふさわしくないと判断されます。また、任意後見人の仕事の内容に適さないと思われる場合、たとえば、著しい浪費癖があるような場合も同様です。

このように、任意後見人として不適切な事柄がない場合には、本人が任意後見契約を結ぶ相手として信頼している成人であれば、誰でも任意後見人として選ぶことができます。個人でも法人でもかまいませんし、一人でも複数でも問題ありません。

なお、複数の任意後見人を選ぶ場合には、全員に同じ範囲の仕事をまかせることができます。個別に依頼する内容を分けても、全員が共同で仕事を行っても問題ありません。予備としての任意後見人を選んでおくこともできます。

この場合、メインの任意後見人が任務を果たせない状態になった場合に、予備として選んでおいた人が任意後見人として任務を果たすように、あらかじめ契約で定めておくようにします。

## ◉ 任意後見人の職務

任意後見人が行う仕事の内容は、任意後見契約に従いますが、任意後見人に求められていることは成年後見人等と同様に、本人の財産管理に関することと、身上監護に関することです。

任意後見人には、本人との間に結んだ事柄についての代理権が与えられています。任意後見人の職務も、この代理権が与えられている法律行為に関連する内容となります。

**Q**

**私たち夫婦の息子は重い知的障害をかかえています。今は学校や地域の人の協力もあり、何とか生活できていますが、心配なのは今後のことです。いずれは私たち夫婦の方が先に亡くなるということを考えると息子の将来が心配でたまりません。今から対策を立てておくことはできるのでしょうか。**

**A**

障害をもつ子が未成年という場合、親などの親権者が子の面倒を見ているというケースが多いでしょう。親権とは親が未成年の子どもを保護し、養育する社会的責務のことで、具体的には、子どもの世話やしつけ、教育をする「身上監護権」と、子どもの財産管理や子どもの後見人として法的な契約を行う「財産管理権」があります。

親が子に対して親権をもつのは子が未成年の間です。そのため、たとえば「親が75歳、子が40歳」というケースのように親が高齢化した場合、「親の死後の子の生活や世話をどうするか」という点について、現実的な問題として考えなければなりません。

このような場合、実務上よく利用されている方法として、親自身が任意後見制度を利用して、親の任意後見人を選任するという方法があります。そして、任意後見契約の内容のひとつとして、「親の死亡後に、任意後見人が子のために法定後見を申し立てること」といった法定後見制度の利用について定めておきます。子の法定後見人の候補者は親の任意後見人としてもかまいませんし、適任者がいれば他の人を候補者とすることもできます。

任意後見制度、法定後見制度のどちらにしろ、利用するとなると費用がかかります。親が元気なうちは、親が面倒をみるのが経済的にも子の保護という点でもよいと思いますが、数年後、数十年後という視点で考えていく必要はあるでしょう。

**Q** 20代半ばの息子には知的障害があるのですが、将来に備えて任意後見人をつけることは可能でしょうか。

**A** 実際のところ、子に知的障害があるような場合、子が成人し、20歳を過ぎたとしても、引き続いて親が子の面倒を見続けるというケースは多いのかもしれません。

ただ、親の子に対する親権が及ぶのは子が未成年の間であるため、子が20歳を過ぎた以上、親の親権は及ばなくなり、「親」ということだけで子の財産などを管理することはできなくなります。

たとえば、子に障害がある場合、子の財産として障害手当など各種福祉手当が支給されることがありますが、親であったとしても、口座からの引落としなどを自由にできなくなるということです。また、子が成人を過ぎてしまうと、親であることを理由に子を代理して任意後見契約を結ぶということもできなくなります。

このような場合、成年後見制度を利用して親を成年後見人に選任することで子の財産の管理などをすることができます。子が未成年の間に任意後見契約を結んでいる場合には、両方の制度を同時に利用することはできないため、調整することになるでしょう。

■ 障害をもつ子の保護と成年後見制度

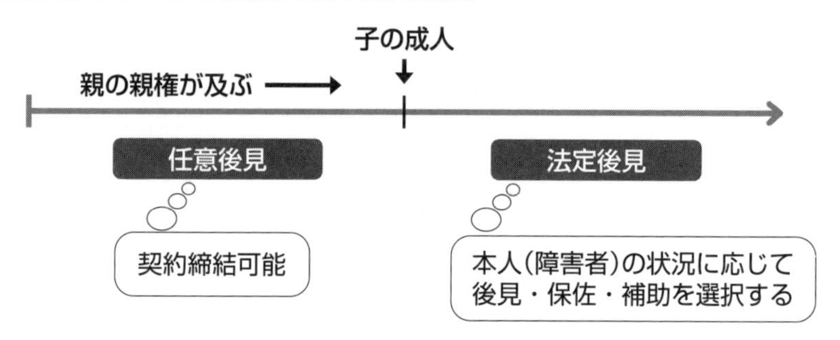

# 12 任意後見と法定後見はどこが違うのか

権限や報酬・費用の点で違いがある

## ◉ 後見人等の選任方法と後見開始の条件

法定後見制度の場合、申立時に成年後見人等の候補者を推薦することはできますが、最終的に決定することはできません。成年後見人等を最終的に選ぶのは家庭裁判所です。他方、任意後見制度の場合、本人は任意後見人になってもらう人（任意後見受任者）を自由に探してきて契約（任意後見契約）を結ぶことができます。

このように、自分が信頼する相手を自由に選ぶことができる点で、法定後見制度よりも任意後見制度の方が、本人の意向を反映しやすい制度であるといえるでしょう。

ただし、任意後見契約の効力が発生するのは、本人の判断能力が衰えて、実際に任意後見監督人を選任した段階です。任意後見監督人を選任する段階で任意後見受任者が任意後見人に適さないと判断された場合、この選任自体が却下されます。

たとえば、障害者の子どもをもつ親が自分の老後に備えて任意後見契約を結び、その契約の内容として子どもの面倒を見てもらうことを定めた場合、契約を結んだときには信頼していた相手でも、数年後、数十年後は任意後見人が本人及び子に不利益を与える存在となっていることもあります。

そのような状況で、本人がそのまま任意後見契約を実現したいと願ってその通りにしたとしても、本人の保護につながりません。実際に任意後見を開始する段階になったときに、任意後見受任者に望んだ行動をしてもらえるかどうかの判断が、本人にはできなくなっている状況は十分にあり得るのです。

任意後見制度では、こうした点を考慮して、任意後見開始時に任意後見人の適格性を確認し、任意後見監督人を選任することで、本人の意思の尊重と保護を図っています。

## ◉ 報酬と費用について

法定後見制度で成年後見人等に選任された場合、成年後見人等の報酬は、家庭裁判所の報酬付与の審判で特に定められない限り、原則として無償です。成年後見人等は、報酬付与の申立てを行い、報酬を得ることができます。申立てを受けた家庭裁判所は、本人の財産の状況や成年後見人等の職務内容の難しさなどから報酬を支払うべきかどうかや報酬額を判断します。成年後見人等に報酬を支払うのが妥当であると判断した場合、家庭裁判所は報酬付与の審判を行います。

報酬は後払いが原則で、成年後見人等がその職についてから約１年経過後に支払われることが多いようです。報酬額については、本人の財産から支払うことになるため、本人の財産の状況なども判断材料として妥当な金額を決定します。成年後見人等が職務を行う際に生じた費用などは、速やかに本人に請求し、その財産から支払いを受けることができるようになっています。なお、成年後見監督人等への報酬や費用の支払いも成年後見人等と同様に行われます。一方、任意後見制度の任意後見人の報酬額や支払方法を定めるのは、法定後見制度とは異なり、家庭裁判所ではありません。報酬額や支払方法は、あらかじめ本人と任意後見受任者との間で交わされた任意後見契約で定められています。

任意後見受任者が任意後見人となって職務を行った場合、任意後見契約で定められた方法に従って、本人の財産から報酬が支払われます。職務を行う際に生じた費用なども、本人の財産から支払われます。

ただし、任意後見監督人については、家庭裁判所が審判によって報酬額を決定し、本人の財産の中から支払われます。その際、家庭裁判所は本人と任意後見人の財産の状況やその他の事情を考慮して報酬額を定めます。

## ◉ 任意後見と法定後見の関係

任意後見と法定後見は判断能力を欠くか判断能力が不十分な人を支援する制度ですが、両方の制度を同時に利用することはできません。また、法定後見の３つの類型も併用することはできません。たとえば、同じ人を支援するために成年後見人と保佐人を同時につけることはできないのです。

任意後見と法定後見の制度を同時に利用することはできないので、任意後見契約を結んでいる人について、後見（保佐・補助）開始の審判の申立てが行われても、原則として家庭裁判所は申立てを却下します。また、後見（保佐・補助）開始の審判をすでに受けている人について、任意後見監督人選任の審判が申し立てられた場合、家庭裁判所は原則として任意後見監督人の選任を行い、後見（保佐・補助）開始の審判を取り消します。

このように、本人の意思を尊重する理念から、任意後見制度が

### ■ 後見人等に支払う報酬

| | 報　酬 | 報酬の額及び支払方法 |
|---|---|---|
| 成年後見人等・<br>成年後見監督人等 | 原則：無償<br>例外：家庭裁判所の報酬付与の審判により本人の財産の中から支払われる | 家庭裁判所の審判により定める |
| 任意後見人 | 任意後見契約の定めに従う | 任意後見契約により定める |
| 任意後見監督人 | 本人の財産の中から支払われる | 家庭裁判所の審判により定める |

法定後見制度よりも優先されます。ただし、任意後見制度を優先させるよりも、法定後見制度を利用した方が本人のためになると判断できるような事情があった場合には、この限りではありません。たとえば、本人を支援するには代理権だけでは不十分な場合です。任意後見契約では任意後見人には代理権しか与えることができません。一方、成年後見人等には、代理権の他に同意権や取消権を与えることができます。このような場合には、法定後見制度を利用する方が本人の利益のためになるといえます。

また、任意後見契約で任意後見人に与えられた代理権の範囲があまりに狭いような場合も同様です。狭くても本人の保護に支障がない場合には問題がないのですが、本人の支援を十分に行うことができない場合もあります。

このような場合には、法定後見制度を利用して成年後見人等の代理権が及ぶ範囲を広げ、必要な法律行為についての支援ができるようにすることもあります。

本人のために特に必要であると判断された場合には、任意後見契約がすでに締結されていたとしても、後見（保佐・補助）開始の審判を申し立てることができます。申立ては、任意後見監督人が選任される前でも後でもかまいません。申立てをすることができる人は、本人や本人の配偶者・四親等内の親族、検察官の他に、任意後見人や任意後見受任者、任意後見監督人も含まれます。

## ◉ 任意後見人と法定後見・保佐・補助人の権限

任意後見人に認められるのは代理権のみで、法定後見人に認められる同意権や取消権は認められません（ただし、法定後見でも成年後見人には同意権はない）。

代理権が及ぶ法律行為については本人と任意後見受任者との間で自由に決めることができるため、法定後見の成年後見人等が持つ権限と同等の範囲の代理権を任意後見人に与えることもできなくはありません。ただ、任意後見の場合には契約時に作成する代理権目録に、任意後見人が持つすべての権限を書かなければなりません。

なお、法定後見制度は、実際に本人の判断能力が落ちていなければ利用することができません。したがって、包括的な代理権を後見人に与えたい場合で本人の判断能力に問題がない場合には任意後見契約を結び、本人の判断能力が不十分な場合には、法定後見制度の利用を考えるのが妥当です。

結局、事前に後見人等にまかせる内容を定めておきたい場合には、任意後見制度を選び、実際に判断能力が不十分になりつつある場合には、本人の心身の状況と後見人等にどんな権限をどの程度与えたいのかによって判断することになります。

### ■ 本人の判断能力が変化した場合

| 判断能力の変化 | 対 応 |
|---|---|
| 後見を開始している本人の判断能力が保佐利用に適した程度まで回復 | 後見開始の審判の取消の申立後、保佐開始の申立てを行う |
| 後見を開始している本人の判断能力が補助利用に適した程度まで回復 | 後見開始の審判の取消の申立後、補助開始の申立てと代理権付与・同意権付与の審判申立てを行う |
| 保佐を開始している本人の判断能力が補助利用に適した程度まで回復 | 保佐開始の審判の取消の申立後、補助開始の申立てと代理権付与・同意権付与の審判申立てを行う |
| 保佐を開始している本人の判断能力が後見利用に適した程度まで進行 | 後見開始の審判の申立後、家庭裁判所の職権により保佐開始の審判の取消がなされる |
| 補助を開始している本人の判断能力が保佐利用に適した程度まで進行 | 保佐開始の審判の申立後、家庭裁判所の職権により補助開始の審判の取消がなされる |
| 補助を開始している本人の判断能力が後見利用に適した程度まで進行 | 後見開始の審判の申立後、家庭裁判所の職権により補助開始の審判の取消がなされる |

## 13 成年後見制度を利用する際に頼れる専門家と報酬の目安

それぞれの専門家の得意分野を把握しておくと依頼しやすい

### ◉ どんな場合に誰に依頼すればよいのか

成年後見制度の利用にあたって、申立手続きなどを専門家に依頼する場合、どのようなことを誰に相談したらよいのか、迷ってしまうかもしれません。ここでは、専門家への相談や手続きを依頼する場合に知っておきたい点を挙げて説明します。

法定後見制度を利用する場合、申立権者（176ページ）による申立てが必要ですが、一人で手続きをすることが不安な場合には、専門家にこれらの手続きを依頼することができます。ただし、裁判所に提出する書類の作成や裁判所に対する申立手続きを代理できるのは、弁護士もしくは司法書士に限られています。

任意後見制度を利用する場合には、任意後見契約の契約書の作成を依頼することが考えられます。また、任意後見契約と一緒に財産管理委任契約など他の契約を結ぶ場合にはその契約書の作成を依頼することも考えられます。任意後見契約や財産管理委任契約の相手方に専門家を選ぶことも考えられます。法定後見を利用する際に成年後見人等に専門家を選ぶこともできます。

また、成年後見制度だけでなく、遺言や信託制度を利用する場合にも専門家に相談することが考えられます。具体的には、遺言書の作成を依頼したり、専門家に遺言執行者になってもらう場合です。このような場合も、司法書士や弁護士に依頼することが多くなりますが、登記に関する内容は司法書士に依頼することになります。

なお、信託については、司法書士・弁護士の他、信託銀行などに相談する例がほとんどです。また、介護サービスを受ける場合にも、適切なサービスを選ぶために専門家が必要になるかもしれません。特に身上監護については、社会福祉士が適任であるといえるでしょう。ただし、専門家に丸投げという形にするのではなく、依頼する専門家が信頼できるかどうか調べた上で相談することが大切です。

## ◉ 司法書士に頼みたい場合はどうする

司法書士は、登記を行う専門家というイメージが強いのですが、成年後見制度に関与する専門家の中では一番この制度に精通しているといってよいでしょう。司法書士に依頼できる内容は、多岐にわたります。たとえば、裁判所に提出する書類の作成を依頼する他、任意後見契約書の作成、成年後見人等の受任（ただし、家庭裁判所が選任する）、任意代理契約（財産管理委任契約）の締結、見守り契約の締結、死後の事務の依頼、遺言書の作成、信託に関する登記などです。司法書士に対する報酬については、成年後見人等の報酬を除き、各司法書士が自由に定めることができます。実際に依頼するときに、どのような基準となっているか、算出基準を各司法書士に尋ね、説明してもらった上で依頼することになります。どの司法書士に依頼したらよいかわからない場合には、成年後見センター・リーガルサポートに相談するとよいでしょう。

## ◉ 弁護士に頼みたい場合はどうする

法律全般の問題について総合的に対応できる専門家です。特に、親族間でトラブルになることが想定されるケースでは弁護士に相談するのがよい場合があります。実際に弁護士と相談する場合には、最初に依頼する内容と報酬や実費についても説明してもらうことが大切です。

## ◉ 行政書士に頼みたい場合にはどうする

行政書士は、権利義務・事実証明に関する書類作成の専門家です。近年では、成年後見制度について積極的に関わっている行政書士も多く、財産を管理したり、身上監護を行うなど、知的障害者、精神障害者などのサポート業務をしています。平成22年に、一般社団法人コスモス成年後見サポートセンターが設立されましたので、コスモス成年後見サポートセンターの会員である行政書士に相談してみるのもよいでしょう。

## ◉ 社会福祉士に頼みたい場合はどうする

社会福祉士は、もともと身体・精神上の障害を持つ人々を支援することを専門としてきているため、成年後見制度における被後見人等の支援について、特に身上監護の面からの専門的な支援が期待されています。各都道府県にある社会福祉士会による成年後見センター「ぱあとなあ」で、成年後見制度に関する相談を受け付けている他、後見人等の養成研修が行われており、研修を終了した専門家による後見人等の就任などが行われています。

## ◉ その他こんなところにも頼める

税理士会でも成年後見制度に関する相談を受けている場合があります。また、成年後見制度は介護や信託、遺言といった他の制度と組み合わせて利用することが多い制度であることから専門家が連携していることもあります。たとえば、信託を扱う信託銀行と成年後見を専門とする司法書士、弁護士と銀行が連携していることもあります。さらに社会福祉士と司法書士が連携して対応している事務所もあります。

## ◉ 専門家に頼むといくらかかるのか

専門家に依頼する場合、申立てにかかる費用の他に専門家に支払う報酬も発生します。専門家に支払う報酬額は、法律などによって定められているものではありません。そのため、各専門家によって具体的な報酬額は異なります。通常は、5～30万円程度の報酬額が設定されていることが多いようです。

また、専門家が後見人に選任された場合には、後見事務に対する報酬が発生します。申立時に候補者となっている者が選任され

### ■ 成年後見制度を支える組織

**司法書士の組織　日本司法書士会連合会（全国の司法書士会と司法書士が所属）**

【成年後見制度専門の組織】成年後見センター・リーガルサポート
全国の5000名を超える司法書士で構成されている成年後見専門の組織です。
【支援内容】成年後見制度について、適正な後見業務や後見監督業務の運用等
【URL】http://www.shiho-shoshi.or.jp/（日本司法書士会連合会）
http://www.legal-support.or.jp/（成年後見センター・リーガルサポート）

**弁護士の組織　日本弁護士連合会（全国の弁護士会と弁護士が所属）**

【成年後見制度専門の組織】弁護士会ごとに取り組んでいます。
【支援内容】法律問題全般の相談を各地の法律相談センターで受け付けています。
【URL】http://www.nichibenren.or.jp/　（日本弁護士連合会）

**行政書士の組織　日本行政書士連合会（全国の行政書士が所属）**

【成年後見制度専門の組織】一般社団法人コスモス成年後見サポートセンター
全国の行政書士のうち、成年後見に関する十分な知識・経験を有する者を正会員として組織する一般社団法人。高齢者、障害者が、自分の意思で、安心で自立した生活が送れるように財産管理、身上監護を行ってサポートする組織。
【支援内容】成年後見についての法律相談や後見業務を行っている。
【URL】http://www.cosmos-sc.or.jp/

**社会福祉士の組織　日本社会福祉士会（全国の社会福祉士の組織）**

【成年後見制度専門の組織】権利擁護センター　ぱあとなあ
専門の訓練を受けた社会福祉士が成年後見人等の候補者として登録されています。
【支援内容】成年後見制度について、相談から成年後見人等の受任までを一貫して行っています。
【URL】http://www.jacsw.or.jp/　（日本社会福祉士会）

た場合だけでなく、裁判所の判断により申立時の候補者以外の者が選任された場合であっても同様です。

後見事務に対する報酬額は、後見人が行った後見事務（財産管理や身上監護）の内容や、被後見人の財産状況・健康状態等を総合的に考慮して、家庭裁判所が審判により決定します。本人や親族、専門家などが自由に決めることはできません。また、専門家の種類（弁護士、司法書士、行政書士、社会福祉士など）によって報酬額が決まるわけでもありません。管理する財産が多い場合や、親族間で意見の対立があるような場合には、専門性の高い複雑な後見事務が求められることになりますので、報酬額も高額になるケースが多いようです。

報酬は、基本報酬と付加報酬に分類することができます。基本報酬とは、通常の後見事務を行った場合の報酬のことをいいます。たとえば、管理財産が1000万円以下である場合の後見人の基本報酬は、月額２万円程度であることが多いようです。また、後見監督人の基本報酬は、管理財産が5000万円以下の場合、月額１～２万円程度であることが多いようです。

付加報酬とは、身上監護等に特別困難な事情があった場合や、後見人等が特別な行為（遺産分割調停や居住用不動産の任意売却など）をした場合に付加される報酬のことをいいます。具体的な金額は、事案ごとに裁判所が決定します。

後見人報酬や後見監督人報酬は、本人の財産から支弁されます。したがって、本人の財産がなくなったような場合には、報酬が発生しない（無償となる）場合もあります。なお、任意後見制度を利用する場合、任意後見人の報酬は、本人と任意後見人候補者間の契約で、自由に定めることができます。目安としては、月額３万円程度に設定されることが多いようです。また、任意後見監督人の報酬は、法定後見の場合と同様に、裁判所が決定します。

**心身に重度の障害をもっている障害者を対象とした特定贈与信託というものがあると聞きました。どのような贈与なのでしょうか。**

A 信託とは、簡単に言えば、他人を信じて何かを託すということです。主に資産運用の目的で行われます。たとえば、財産や不動産を保有していても一般人は通常、資産運用の知識を持ち合わせていないので、どのように財産を有効活用していいのかがわかりません。そこで信託会社などに運用してもらい、利益を受け取る信託制度が活用されています。

心身に重度の障害を持っている人の多くは、家族の援助によって生活しています。家族の死亡した将来においてもこのような障害者が引き続き生活していけるように金銭の信託を行っておく制度が特定贈与信託です。特定贈与信託を利用することによって特別障害者一人あたり6000万円まで、家族や支援者などから非課税で贈与を受けることができます。特定贈与信託を委託することができるのは、受益者となる障害者の家族や支援者などの個人に限られます。複数人で共同して委託することも可能ですが、法人からの贈与は一時所得として取り扱われ、課税されることになります。特定贈与信託の対象者は心身に重度の障害を持っている特別障害者に限定されており、具体的には精神障害者保健福祉手帳１級や身体障害者手帳１級および２級の者、重度の知的障害者と認定された者等とされています。

特定贈与信託において、信託することができる財産は、①金銭、②有価証券、③金銭債権、④立木、立木と共に信託される立木の生育地、⑤継続的に他人に賃貸される不動産、⑥受益者である特別障害者の居住する不動産（①～⑤までの財産のどれかと一緒に信託されることが必要）、に限定されています。

信託期間は受益者である特別障害者の死後６か月を経過する日まで

とされます。あらかじめ期間を定めておくことや、契約途中での解除や取消はできません。しかし、6000万円になるまで信託財産を追加することは可能です。

信託財産は信託会社によって運用され、得られた収益は信託財産に加えられます。受益者である特別障害者の所得となり、所得税計算に含める必要が生じます。

なお、贈与信託を利用する際には信託報酬や租税公課、事務費などの費用がかかり、これらは信託財産から支払われます。

**●非課税措置を受けるための要件など**

特定贈与信託は、贈与税について非課税の措置を受けることができる制度です。財産（厳密には、信託財産に係る受益権）の生前贈与という形になるため相続税法の「特別障害者に対する贈与税の非課税制度」により6000万円（信託財産）を限度として贈与税が非課税になります。

非課税の措置を受けるためには障害者非課税申告書を、信託会社等を経由して所轄の税務署長に提出することが必要です。

**■ 特定贈与信託のしくみ**

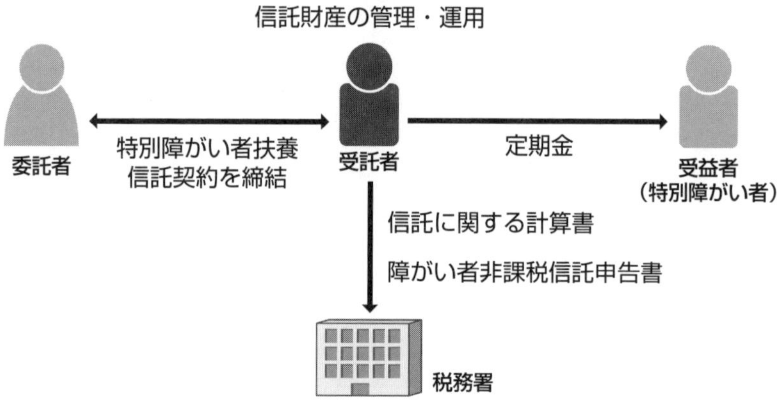

信託財産の管理・運用

委託者

特別障がい者扶養
信託契約を締結

受託者

定期金

受益者
（特別障がい者）

信託に関する計算書

障がい者非課税信託申告書

税務署

**Q** **後見人がしなければならない財産管理を家庭裁判所のチェックの下、信託会社に委託することができる後見制度支援信託という制度があると聞きました。しくみを教えてください。**

**A** 後見制度支援信託とは、家庭裁判所が関与することで、被後見人の財産を信託財産として被後見人の財産を守る制度のことをいいます。法定後見人は、家庭裁判所の指示に基づき、被後見人の財産を信託財産として信託会社との間で信託契約を締結します。信託会社が受託者、被後見人が委託者兼受益者になります。被後見人の財産のうち、日々の生活に必要な金銭については後見人が管理し、信託財産にはしません。法定後見人の管理する金銭が不足する場合には、家庭裁判所の指示に基づき、銀行から払戻しを受けます。

被後見人の財産からの支出を家庭裁判所がチェックすることができるため、後見制度支援信託を利用すれば、後見人の不正行為を防ぐことができること、被後見人の財産は信託財産となり信託会社等が管理することから、財産管理をめぐる家族間のトラブルを防ぐ、財産管理についての後見人の負担を軽減する、といったメリットも期待できます。

後見制度支援信託で信託財産になるのは金銭のみです。金銭以外の不動産・高価な動産などは信託財産にはなりません。信託財産は、国債・株式などを使って運用されます。信託財産が運用された場合でも、信託が終了した時点では財産を金銭にして受益者に渡されます。

**●契約手順をおさえておく**

後見制度支援信託は、以下の手順で契約締結を行います。まず、後見制度支援信託の利用の前提として、本人の住所地の家庭裁判所に後見開始、あるいは未成年後見人選任の申立てを行います。

後見制度支援信託を利用する場合、後見人には一定の弁護士あるいは司法書士（専門職後見人）が選任されることになります。

審判後、専門職後見人が後見制度支援信託の利用の適否について検討し、利用に適していると判断した場合、専門職後見人が信託財産の金額などを設定した報告書を提出します（報告書の提出について裁判所への手数料の納付は不要です）。家庭裁判所は報告の内容を確認し、問題がなければ指示書を後見人に対して発行します。その後、後見人は信託会社等と信託契約を締結し、財産目録の作成・信託条件の設定などを行います。専門職後見人の関与する事務の終了後、財産管理などの事務は親族（親族後見人）に引き継がれます。

後見制度支援信託は、被後見人の生活を守るための制度です。そのため、被後見人が死亡したり、後見開始審判が取り消された場合には、後見制度支援信託を続ける意味がないといえるので、その時点で契約が終了します。また、この他にも、信託金額が１回の定期金の額を下回った場合、信託契約が解約された場合、信託会社等が受託者を辞任したような場合にも信託契約は終了します。

### ■ 後見制度支援信託のしくみ

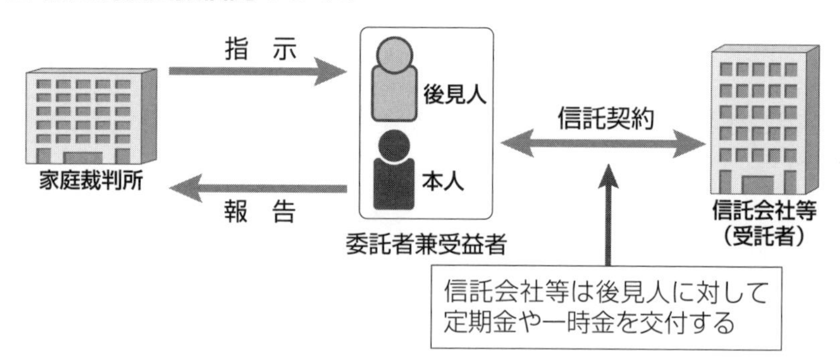

# 14 法定後見開始の申立てについて知っておこう

### 家庭裁判所への申立てから審判を経て法定後見が開始するまで

## ◉ 法定後見制度の手続きの流れ

本人の判断能力が不十分であるなどの理由から法定後見制度を利用する場合、家庭裁判所に後見等開始の審判の申立てを行います。下記の申立ての流れはあくまでも一例であり、家庭裁判所によって異なります。

申立てをする時には、あらかじめ必要な書類を用意しておきます。申立ての当日に、家庭裁判所調査官は申立人と成年後見人等の候補者から事実関係を確認します。この際に、本人の状況を生活や財産面、判断能力の面などから確認します。申立時に立てられた成年後見人等の候補者についての判断も行われます。

後見や保佐の場合には、本人の精神状況についての医師等による精神鑑定が行われます（鑑定についての詳細は186 ～ 189ページ）。

親族の意向についても確認します。具体的には、申立内容や成年後見人等の候補者を親族に書面で伝えて確認します。

可能な場合には家庭裁判所で本人調査を行い、本人の意向を確認します。本人が家庭裁判所に行くことができない場合には、本人のところに裁判所の担当者が出向きます。

家庭裁判所は、鑑定・親族への意向照会・本人調査の結果から、内容について検討、判断します（審理）。

審理を経て、結論を出した家庭裁判所は、その審判内容を申立人と成年後見人等に送ります（審判書謄本の送付）。

審判では、申立書に書かれている成年後見人等の候補者がそのまま選任されることもあります。ただ、場合によっては候補者ではなく司法書士や弁護士が選任されることもあります。

裁判所から審判書謄本を受領してから、異議もなく2週間経過すると、審判が確定します。審判が確定すると、法定後見が開始され、法務局に法定後見開始の事実についての登記がなされます。

## ◉ 求める内容によって申立方法も異なる

法定後見制度を利用する場合、本人の住所地を管轄する家庭裁判所に後見等開始の審判の申立てを行います。申立てをする際には、いくつかの書類を提出することになりますので、あらかじめ用意しておきます。また、申立人と成年後見人等の候補者は、申立後、家庭裁判所調査官から申立内容について確認されるので、家庭裁判所に出向くことになります。申立ての際には、どの制度を利用するかによって準備する内容が異なります。

**・後見の場合**

後見開始の審判を求めるだけで特に他の審判の申立ての準備は必要ありません。これは、成年後見人の場合、申立時に追記しなくても、日常生活上の法律行為以外のすべての財産管理についての代理権が認められているからです。

**・保佐の場合**

保佐開始の審判を求めるだけですむ場合もあります。ただ、保佐人は成年後見人と違い、すべての法律行為について最初から権限を認められているわけではありません。重要な行為についての同意権が認められているだけですので、保佐人に代理権を与える場合には別途「代理権付与の審判」を求める必要があります。

また、重要な行為以外の法律行為について、保佐人に同意権を与える場合には、どのような法律行為を対象とするのかについても、明確にしておかなければなりません。

**・補助の場合**

補助の場合には、基本的には補助開始の審判を求めただけではどんな支援内容も発生しませんから、具体的な支援内容を別の審判で決めなければなりません。補助人に代理権を与える場合には、代理権付与の審判を求めることになります。同意権を与える場合には、同意権付与の審判を求めることになります。両方の権利を与える場合には代理権付与の審判と同意権付与の審判が必要になります。また、代理権・同意権が及ぶ法律行為の範囲も定めておかなければなりません。

## ◉ 本人や親族が申立てをすることができる

法定後見制度を利用するための申立ては、本人が自ら行うことができます。ただ、法定後見は任意後見とは異なり、後見・保佐・補助の利用が必要な程度に本人の判断能力を欠くかまたは不十分な状態でなければ利用できません。本人が申立てをすることができる状況のケースでは、実際には任意後見制度を利用する場合が多いようです。本人が申立てをすることができない状況の場

### ■ 法定後見制度の手続きの例

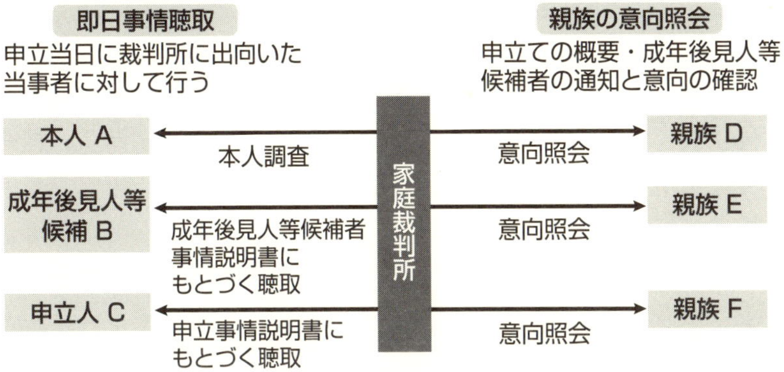

※本人が入院等で裁判所に行けない場合には、家庭裁判所の調査官が入院先まで出向く

合には、本人の配偶者や四親等以内の親族、検察官が申立てをすることができます。

四親等内の親族とは、配偶者と四親等内の血族・三親等内の姻族（配偶者の親族を本人から見た場合、姻族と呼びます）を指します。四親等内の血族とは、本人の親・子（一親等)、祖父母・孫・兄弟姉妹（二親等)、曽祖父母・曾孫（ひ孫)・おじ・おば・甥・姪（三親等)、高祖父母（曽祖父母の父母)・玄孫（曾孫の子)・大叔（伯）父母・いとこ・甥姪の子（四親等）です。

三親等内の姻族には、配偶者の父母・子（一親等)、配偶者の祖父母・兄弟姉妹・孫（二親等)、配偶者の曽祖父母・曾孫・甥・姪（三親等）など本人の配偶者の三親等内の親族の他、本人の子の配偶者（一親等)、本人の孫の配偶者（二親等)、本人の曾孫の配偶者（三親等）なども含まれます。

このように、本人との関係における配偶者には親等はつかず、他の親族との距離では本人と同じ距離とされます。「四親等内の親族」に含まれる姻族は、三親等内ですから、本人の三親等内の血族の配偶者は「四親等内の親族」に含まれます。

## ◉ すでに成年後見制度を利用している場合の申立権者

法定後見の申立てができる人のことを申立権者といいます。本人とその親族や検察官の他に、任意後見人、任意後見監督人、成年後見人、成年後見監督人、保佐人、保佐監督人、補助人、補助監督人も申立権者です。

任意後見人や任意後見監督人が申立てを行うことができる場合は、本人がすでに任意後見制度を利用していることが前提となります。任意後見で交わした契約内容では本人の支援を十分に行うことができないような場合に、任意後見人や任意後見監督人が法定後見制度を利用するために申立てを行うことができます。

成年後見人・成年後見監督人が申立てをする場合は、すでに後見制度を利用していることが前提になります。本人の精神上の障害が後見よりも保佐や補助を利用する方が適切であると思われる状況になった場合などに、保佐や補助を利用するために成年後見人や成年後見監督人が申立てを行うことができます。

保佐人・保佐監督人が申立てをする場合、すでに保佐制度を利用していることが前提になります。本人の精神上の障害の程度が進み、保佐では本人を保護しきれないような状況になった場合に、後見制度を利用するための申立てを保佐人や保佐監督人が行うこ

### ■ 申立手続の例

**1.　申立て（本人の住所地にある家庭裁判所に対して行う）**

- 申立てができるのは、本人、配偶者、四親等以内の親族、検察官、任意後見人、任意後見監督人、市区町村長など。

**2. 審判手続（調査 → 鑑定・診断 → 審問の順に行う）**

- 家庭裁判所調査官が、本人の精神状態、生活状態、資産状況、申立理由、本人の意向、成年後見人等候補者の適格性などを調査する。家庭裁判所は、市区町村などの行政、金融機関などに必要な調査報告を求めることもある。
- 鑑定は裁判所から依頼された鑑定人、診断は申立権者が依頼した医師が行う。鑑定や診断の結果は、本人の意思能力や障害の程度がどれくらいか、能力が回復する可能性があるかどうかなどを判断する重要な資料となる。
- 本人の精神的な障害の程度、状況を確認し、援助の必要性を判断するために、裁判官が直接本人に会って意見を聴く。審問は必要に応じて数回にわたって行われることもある。

**3. 審判（家庭裁判所の判断の結果が示される）**

- 申し立てられた類型やそれに伴う同意・取消権、代理権を成年後見人等に付与することが適切かどうか、家庭裁判所の判断の結果が出される。誰を成年後見人等にするかも決定する。

**4. 告知・通知（審判の結果が関係者に伝えられる）**

**5. 登記（法務局に後見等の内容が登記される）**

とができます。これとは反対に、本人の精神の障害の程度が軽くなり、補助制度を利用する方が適切であると思われる場合に補助制度を利用するために保佐人・保佐監督人が申立てをすることができます。

補助人・補助監督人が申立てをする場合も、他の場合と同様、補助制度を利用していることが前提になります。本人の精神の障害の程度が補助よりも保佐や後見を利用する方が適切であると考えられる場合に、保佐や後見を利用するために補助人・補助監督人が申立てをすることができます。

## ◉ 市町村長も申立てをすることができる

本人や四親等内の親族が法定後見開始の申立てをすることができない場合やしようとしない場合で、法定後見制度の利用が必要な状況のときには、本人の住んでいる市区町村長が申立てをすることができます。実際には、その自治体の福祉担当部門の職員が申立てに関する事務を行っています。

ただ、本人の判断能力が著しく低下しているような場合に、本人自ら市町村に申立てを依頼することは困難です。また、前述したように、四親等内の親族は思いの他多く存在していますから、そのすべての人が申立てに協力しないと証明することは困難な場合が多いこともあり、なかなか市町村長の申立件数は増えていないのが実情です。そうはいっても、全くなされていないわけではありません。市区町村の福祉担当者や民生委員、保健所などから市区町村の福祉担当部署に本人の状況が寄せられ、申立てへと進むケースもあります。各市区町村の福祉担当の取り組み姿勢や実務上の手続きフローができているかどうかといった状況しだいで、申立てを行うかどうかの基準なども異なりますから、各市区町村によって、取組状況にはばらつきがあるようです。

# 15 申立てにかかる費用や必要書類について知っておこう

手数料等を支払った上、申立書などの必要書類を提出する

## ◉ 申立てに必要な書類

主な申立てに必要な書類と費用は、次のようになります。

ただ、それぞれのケースごとに必要となる書類は異なる場合があります。これに伴って費用も変わってきますので、詳しい内容については申立てを行う家庭裁判所に聞いてみるとよいでしょう。

まず、申立てを行う際に提出する申立書が必要です。申立書には本人の状況をはじめとする申立ての概要を記します。申立書は定型の書式で、家庭裁判所において無料で配布されています。後見の場合には、「後見開始申立書」、保佐の場合には、「保佐開始申立書」、補助の場合には「補助開始申立書」を作成します。この申立書を補充する書類も可能な限り添付します。添付種類とは、たとえば、申立事情説明書、後見人等候補者事情説明書、財産目録、親族関係図などがあり、各家庭裁判所で用紙が用意されています。

本人に関する書類としては、戸籍謄本・戸籍の附票・登記事項証明書（成年後見登記についてのもの）・診断書が必要です。本人以外の人が申立てを行う場合、申立人の戸籍謄本も必要です。成年後見人等の候補者がいる場合には、候補者の戸籍謄本・住民票・身分証明書・登記事項証明書（成年後見登記についてのもの）が必要になります。登記事項証明書は、不動産登記についても「登記事項証明書」という名称のものがありますが、この場合はもちろん、成年後見登記についての証明書のことです。法務局が発行する後見開始の審判等をすでに受けていること、あるいは受けていないことを証明するものです。候補者の身分証明書は、

候補者の本籍地にある役所が発行する証明書で、破産手続開始決定を受けていないことを証明できるものです。この他、家庭裁判所が判断する際に参考となりそうな資料がある場合には、審理を早く進めてもらうためにも添付するようにします。

たとえば、本人の判断能力を判断するのに参考となる介護保険の保険証や障害者手帳、年金手帳などです。また、本人の財産状況の判断に有効なものとしては、前述した財産目録の他に、預金通帳や不動産評価証明書、不動産登記事項証明書、株券などが考えられます。

## ◉ 申立時に必要になる費用

次に、各手続き・書類入手にかかる費用を挙げておきます。

**① 申立手数料**

収入印紙で収めます。金額は1件につき800円です。これは1つの審判につき800円かかるということです。したがって、たとえば保佐で、代理権付与の審判も行う場合には、保佐開始の審判に800円、代理権付与の審判に800円、とそれぞれに手続きの手数料として収める必要があります。また、保佐の対象となる法律行為の範囲を広げる場合、その範囲を広げる手続き（同意権追加付与の申立て）の手数料に800円がかかります。補助で、代理権と同意権共に補助人に付与する場合には、2,400円かかることになります。

**② 登記手数料**

2,600円です。登記手数料は、後見等が開始された後に裁判所が登記するために必要になる費用です。登記手数料は収入印紙で納めます。収入印紙は、郵便局などで買うことができます。

**③ 連絡用の切手**

各裁判所で金額が異なります。約3,000 ~ 5,000円程度です。連絡用として使われるものとしては、たとえば、裁判所から送られてくる審判書の郵送費用などです。

### ④　鑑定費用

現金で支払うことになります。鑑定の内容によって金額は左右されるので、ケース・バイ・ケースということになりますが、約5～10万円は見積もっておくとよいでしょう。明らかに鑑定する必要がないと認められる場合や補助を利用する場合など、鑑定を必要としない場合もあります。

### ⑤　専門家に支払う費用

司法書士は申立書の作成、弁護士は申立ての代理を行うことができます。依頼した内容に応じて報酬を支払う必要があります。

### ■ 申立てに必要な書類と費用（東京家庭裁判所の例）

**書類**
- 申立書及び申立事情説明書
- 親族関係図
- 本人の財産目録及びその資料
- 本人の収支状況報告書及びその資料
- 後見人等候補者事情説明書
- 同意書
- 本人・後見人等候補者の戸籍謄本
- 本人・後見人等候補者の住民票
- 本人の登記されていないことの証明書
- 診断書（成年後見用）、診断書付票
- 愛の手帳の写し

※任意後見人の場合は以下の書類も必要です。
- 任意後見契約書の写し及び登記事項証明書

**費用等**
- 収入印紙（申立手数料 --- 1件につき 800 円）
- 収入印紙（2600円。任意後見監督人選任申立ては1400円）
- 郵便切手（3200 円（後見の場合）又は 4100 円（保佐・補助の場合）円分）
- 鑑定料５～10 万円程度

※上記は東京家庭裁判所のものです。支部により若干異なりますので、詳しくは直接申立てを行う家庭裁判所に確認してください。

ただ、この報酬については一律に定まっているわけではありません。それぞれの専門家によって報酬額が異なりますから、事前に把握しておく必要があります。

⑥　**必要書類の入手費用**

戸籍謄本や登記事項証明書、診断書といった書類を入手するのには発行手数料がかかったり、郵送料が別途かかります。こうした費用は、各自治体で異なる場合があるので、事前に調べておくとよいでしょう。特に本籍地にある役所が遠隔地にあるような場合、戸籍謄本などを入手するまでには日数や郵送料等が別途かかりますので、余裕を見て準備するようにしましょう。

## ◉ 申立てから開始までにかかる期間と費用負担

ここでは、申立てから開始までの期間と必要になる費用の種類、誰が費用を支払うのか、について説明します。

申立てから審判確定までにかかる期間ですが、それぞれの事情にある程度は左右されます。ただ、一般的には法定後見開始の申立てを行ってから約２か月から４か月ほどで審判に至ります。鑑定が必要な場合に、鑑定が早く終わればその分期間は短縮されます。補助の場合には鑑定を必要としませんから、場合によっては１～２か月で審判が確定することもあります。

反対に申立時に想定している制度とは別の制度の方がよいと判断された場合や、書類等に不備があるような場合にはその分遅れることがあります。申立時に必要になる費用は、申立手数料、登記手数料、連絡用の切手、後見や保佐の場合に原則として必要になる鑑定費用、申立書類として必要な書類を発行してもらうために必要な費用などです。また、申立てを司法書士や弁護士などの専門家に依頼した場合には、報酬なども必要です。専門家に依頼すると別途費用がかかります。成年後見制度の申立ての手続き自体はそれほど難しくないので、専門家に頼まなくてもできないことはありません。

ただ、申立てをする際にどの制度を利用したらよいか、という点で判断に迷う面もあると思います。後から別の制度の利用に変えることもできますが、それなりの手間がかかりますから、専門家に相談するのも一つの方法です。

申立費用は、本人が申し立てた場合は本人が支払い、本人以外が申し立てた場合には、申立人が原則として支払います。ただし、後見開始の申立てをする際に、申立費用（印紙代や切手代）を本人の負担とする旨の上申を行い、その内容が裁判所に認められた場合は、申立費用を本人負担とすることもできます。なお、専門家（司法書士や弁護士）に申立てを依頼したいが、すぐにまとまったお金を用意することができないといった場合には、民事法律扶助制度を利用する方法もあります。

民事法律扶助とは、法的なトラブルにあった人の資力が乏しい場合に、無料の法律相談を行ったり専門家を紹介する他、裁判費用や司法書士・弁護士に支払う費用の立て替えを行う制度です。民事法律扶助は、日本司法支援センターが行っています。詳しくは日本司法支援センターのホームページ（URL:http://www.houterasu.or.jp）を参照してください。

### ■ 申立費用の負担について

| | 特別な事情がない場合 | 本人に相当な財産があるような場合 | 市区町村長が申し立てた場合 |
|---|---|---|---|
| 申立費用を負担する人 | 申立人 | 本人（裁判所が認めた場合） | 申立人又は本人（裁判所が認めた場合） |
| 費用の負担のしかた | 申立人が申立時に費用を負担 | 申立人が費用を負担してから本人に求償 | 申立人が費用を負担。本人負担の場合のみ本人に求償 |

# 16 審判について知っておこう

申立ての内容に対する判断が行われる

## ◉ 審判の手続きについて

申立人の後見（保佐・補助）開始の申立てを受け付けた家庭裁判所は、まずその申立てに番号をつけます。「平成28年（家）第○○○○○号」といった形式でつけるもので、事件番号と呼ばれます。家庭裁判所は個々の申立事案を事件番号で管理します。

したがって、裁判所とのやりとりはすべてこの事件番号を頼りに行います。実際には問い合わせ時などに必要になります。

事件番号と共に、申立事案の担当者が決まります。家庭裁判所の担当者を調査官といいます。以後、調査官が中心となって、申立事案についての事実関係や内容について調査を進めていきます。

申立人・成年後見人等の候補者・本人は裁判所に出向いて調査官から質問を受けます。本人が出向くことができない場合には、調査官が本人のもとに出向きます。また、調査官は必要な場合には他の関係者から話を聞き、判断材料とします。直接会う場合もあれば、郵送でのやりとりで行う場合もあります。

調査官の調査とは別に、裁判官が事情を直接尋ねる審問を行う場合もあります。審問は、必ずしも開かれるものではなく、調査官が本人の意向を確認する場合もあります。

関係者の調査や審問とは別に、精神鑑定が行われます。鑑定は必要な場合に行われるもので、補助などでは診断書だけで足りることもあります。家庭裁判所は、医師から提出された鑑定書と裁判所の調査・審問結果から、最終判断を下します（審判）。審判の内容と申立内容が異なることもあります。この場合は、別途調整がなされることもあります。

## ◉ 審判とはどのようなものか

法定後見の申立てがそのまま認められたり、申立内容とは少し異なる審判が下されると、その内容を記した審判書の謄本が本人、成年後見人・保佐人・補助人に選ばれた人と申立人などに郵送されます（告知）。

成年後見人等が審判書の謄本を受領してから２週間経過すると、審判が確定します。審判が確定すると、後見（保佐・補助）が開始されます。

審判の内容に不服がある場合には、この２週間のうちに異議申立てを行うことができます。この場合の不服とは、後見開始・保佐開始・補助開始の審判そのものに対する不服のことをいいます。審判で選ばれた成年後見人等の人選については不服とすることはできません。この異議申立てを即時抗告といい、審判が確定するまでの２週間を即時抗告期間といいます。審判が確定すると、家庭裁判所の書記官から法務局に対して、審判内容が通知されます。法務局の登記官は、内容を「後見登記等ファイル」に記録します。これを登記といいます。このように、後見・保佐・補助の登記は、家庭裁判所の嘱託によって法務局で行われます。

なお、登記内容に変更が生じたような場合には、家庭裁判所から嘱託がなされるわけではありません。本人や成年後見人・保佐人・補助人、成年後見監督人・保佐監督人・補助監督人、任意後見人や任意後見監督人が、法務局に対して、「変更の登記の申請」を行う必要があります。

審判内容が登記されると、法務局から登記事項証明書を取得することができるようになります。登記事項証明書があれば、成年後見人・保佐人・補助人の権限を証明することができます。

# 17 鑑定はどのようにして行われるのか

診断書と鑑定書の違いと利用法について知っておく

## ◉ 利用すべき制度を医学的な側面から判断する

実際に法定後見制度を利用しようとしても、後見・保佐・補助のうちどの制度が本人にとって適切なのかについての判断は難しいものです。本人の判断能力がどの程度であるかを把握することが難しいためです。

そのため、法定後見制度を利用する場合には、本人がかかりつけとなっている医師等の診断を受ける必要があります（本人の精神の状態を把握している医師が望ましい)。法定後見制度の申立てを行う際には、この診断を参考にして、どの制度を利用すべきかを判断するとよいでしょう。

申立てに先立って行われた診断の内容については、診断書として発行してもらうようにします。

法定後見の申立てを行うときに提出する書類には、本人の状況を示す申立書や申立書を補充する事情説明書、戸籍謄本といった書類の他に本人についての診断書も必要ですから、この診断書を申立ての際に提出することになります。

診断書の他に、障害者手帳を持っている場合にはその手帳も添付します。この他にも、本人の精神上の障害や判断能力について裁判所が判断する場合の参考となるものがある場合には、その書類を提出しましょう。

## ◉ 鑑定が必要な場合と不要な場合

法定後見開始の申立てを行う際には、かかりつけの医師等による診断書が必要ですが、後見や保佐の場合には、さらに精神鑑定を受ける必要があります。

鑑定の手続きは、本人の判断能力がどの程度あるのかを医学的に判定するために行われるものです。

鑑定結果を記した鑑定書は、本人の精神状況の診断結果を記した診断書とは異なり、本人の判断能力がどの程度あるのかを医学的に判定した書類です。後見や保佐の場合は、本人保護のために行われるものですが、本人の行為について制限を加えるものです。制限を加えなければならない程度の精神上の障害が本人にあるかどうかについては慎重に判断されるべき事柄です。

こうしたことから、後見や保佐には、診断書よりも専門的で時間もかかり、費用も高い鑑定書が必要とされます。他方、補助制度を利用する場合には、本人の同意が必要とされていますから、本人の意思を尊重しているといえます。また、本人の判断能力も、後見・保佐と比べて高いといえます。本人の行為を制限する程度も後見や保佐と比べると低く、範囲も狭いのが通常です。

こうした事情から、補助の場合には原則として鑑定は必要とされません。ただ、補助でも判断能力についての判定が難しいような場合には、鑑定を必要とすることもあります。また、明らかにその必要がないと認められるような場合には後見や保佐であっても鑑定が行われないこともあります。

## ◉ 鑑定書と診断書について

申立時に提出する診断書は、かかりつけ医等に依頼すると書きましたが、かかりつけ医がいない場合、特にこだわりなどがないのであれば、近所の病院や診療所の医師に依頼しても問題ありません。診断書を書いてもらう場合には、鑑定書とは異なって、医師が精神科医である必要もありません。

とはいえ、診断書には、本人の状況についての診断名と所見、判断能力についての医師の意見と根拠などが記入されます。精神科医に依頼できそうな場合には精神科医に依頼した方が的確な診断書となることは間違いないでしょう。鑑定の場合には、原則として裁判所が鑑定人となる医師を指定し、診察や検査を経て鑑定することになります。

鑑定の結果を記した鑑定書には、本人の診察経過や入院先の診療録、既往歴と現病歴、日常生活や心身状態などが記載されます。親族が話した内容が記される場合もあります。また、本人の財産管理や処分に関する能力についての鑑定人の考察、失われている能力の回復の見込みといった事柄についても記載されます。

診断書と鑑定書については、「成年後見制度における鑑定書作成の手引」「成年後見制度における鑑定書書式《要点式》」「成年後見制度における診断書作成の手引」という手引きや書式が裁判所によって作成されています。

これらの手引きや書式は、家庭裁判所で手に入れることができる他、ホームページにも記載されています（裁判所ホームページ http://www.courts.go.jp 内の裁判手続の案内→裁判所が扱う事件→家事事件→成年後見制度における鑑定書・診断書作成の手引参照）。ただし、この手引きと書式は医師向けに書かれたものです。

## ◉ 鑑定書と診断書の費用と期間

鑑定を行う場合、事案によっても異なりますが、結果が出るまでには約１～２か月の期間が必要です。

他方、診断の場合、どの程度の診断書を求めるかは医療機関によっても異なりますが、鑑定ほどの期間はかかりません。

費用についても両者はかなり異なります。鑑定の場合にはおよそ５～15万円程度ですが、これも事案によって異なります。

診断書は鑑定書と比べるとかなり低額です。医療機関によって差がありますが、3,000～10,000円程度のところが多いようです。ただ、これも鑑定並みの診断内容を求めればもっと高額になります。なお、家庭裁判所によってはあらかじめ鑑定料にあてる金額を納める必要があるので、利用する予定の家庭裁判所の予納額がいくらかといった面については事前に把握しておくようにしましょう。家庭裁判所では家事相談を行っています。事前に家事相談を利用して手続きに関する不明点は尋ねるようにすることも大切です。また、前掲の裁判所のホームページ（http://www.courts.go.jp）には、各地方の家庭裁判所の案内が出ていますから、見ておくとよいでしょう。後見や保佐の利用を考えている場合、申立前に医師の診断を受けるときに、診断書と共に鑑定書の作成を依頼しておくのも申立ての手続きを早める一つの方法です。

## ■ 鑑定と診断書の作成

**鑑定書**

裁判所が指定した鑑定人（医師）が、診察や検査によって本人の判断能力の鑑定を行い、鑑定書を作成します。後見、保佐の申立ての場合は原則として鑑定が必要です。補助申立ての場合も判断能力の判定が困難であれば行われることがあります。

**鑑定書の記載項目（例）**

・鑑定経過
・既往歴や現病歴
・日常生活の状況
・身体や精神の状態
・自己の財産を処分、管理する能力についての考察や回復の可能性など

**診断書の作成**

本人の主治医または精神神経科医師が作成することが想定されています。なお、診断を行う医師は申立人が依頼を行い、診断書費用も自己負担となります。

**診断書の記載項目（例）**

・診断名
・現病歴や現在症
・判断能力についての意見
・判定の根拠

# 18 成年後見登記制度について知っておこう

本人のプライバシー保護を配慮した制度である

## ◉ 成年後見登記制度とは

法定後見制度や任意後見制度を利用している場合に、その後見がどのような内容であるかを公示する制度を**成年後見登記制度**といいます。

成年後見制度を利用すると、成年後見人等に認められている権限の範囲や任意後見契約の内容などが、法務局で登記されます。成年後見登記の実務は法務局の登記官によって行われ、登記の内容はコンピュータシステムによって管理されます。

登記された内容は、請求に応じて発行される登記事項証明書に記載されます。登記事項証明書は、登記の内容を記し、その内容がたしかに存在していることを証明する公的な証明書です。登記事項証明書の発行は、請求を受けた法務局の登記官が行います。登記事項証明書があれば、たとえば成年被後見人と第三者との間で行われる契約の締結に際して、成年後見人が本人を代理して契約する権限を持っていることを、取引の相手方に対して証明することができます。

このように、成年後見制度を利用していることを公示することで、成年後見人等の信頼性が高まり、契約などもスムーズに行われるようになります。

ただ、公示するとは言っても、誰でもその登記内容を見ることができるのでは、本人のプライバシーを守ることができません。その結果、成年後見制度を利用しない人が増えてしまうかもしれません。

こうしたことを避けるため、成年後見登記制度は、成年後見制度の利用状況の公示と本人のプライバシーの保護を両立するように配慮されています。

## ◉ 法定後見と登記

法定後見制度では、後見・保佐・補助を利用するときに、申立権者が家庭裁判所に開始の申立てを行います。申立てを受けた家庭裁判所による審理等を経て開始の審判が確定すると、その内容は法務局で登記されます。審判の確定から登記までの具体的な手続きの流れとしては、まず家庭裁判所の書記官から法務局に対して、審判の内容を通知します。通知を受けた法務局の登記官は、その内容を定まった方式に従って後見登記等ファイルに記録します。登記官が行うこのような作業を登記事務といいます。保佐人の権限に代理権を加える代理権付与の審判や、保佐人の同意権の範囲を増やす審判を行った場合には、その審判の内容も同様の手続きで登記されます。補助の場合には、補助開始の審判の後に、同意権付与の審判か代理権付与の審判、あるいはその両方を行いますから、この審判の内容も同様の手続きで登記されることになります。

なお、法定後見の内容に変更が生じた場合には、家庭裁判所が法務局に通知するわけではありません。本人の氏名・住所・本籍や、成年後見人等・成年後見監督人等の氏名や住所などに変更が生じた場合、本人や関係者等がその変更内容を法務局に申請しなければなりません。これを変更の登記申請といいます。実際に申請できる人には、本人、成年後見人・保佐人・補助人（成年後見人等）、成年後見監督人・保佐監督人・補助監督人（成年後見監督人等）の他に、利害関係人となる本人の親族も含まれます。

また、本人が死亡した場合にも、法務局に対して、終了の登記の申請をしなければなりません。この申請は、成年後見人等や成年後見監督人等が行う必要があります。この他、本人の親族などの利害関係人も申請することができます。終了の登記がなされると、登記の記録は、閉鎖登記ファイルに記録されます。

## ◉ 任意後見と登記

任意後見制度の場合、任意後見契約が公証人による公正証書で作成されます。公正証書が作成されたときに、その内容を公証人が法務局に通知します。通知を受けた法務局の登記官は、その内容を、定まった方式に従って後見登記等ファイルに記録します。

その後、実際に任意後見監督人選任の申立てがなされ、家庭裁判所によって任意後見監督人が選任されると、家庭裁判所の書記官は法務局に対してその内容を通知します。通知を受けた法務局では、登記官が後見登記等ファイルにその内容を記録します。

本人の氏名・住所・本籍や、任意後見人・任意後見監督人の氏名や住所などに変更が生じた場合、法定後見と同様、本人や関係者等がその変更内容を法務局に申請しなければなりません。

また、本人や任意後見人が死亡したり破産した場合、法務局に対して、終了の登記の申請をしなければなりません。この他、任意後見契約が解除された場合や任意後見人が解任された場合、本人や任意後見人について法定後見が開始された場合にも、任意後見の終了の登記を行う必要があります。この申請は、原則として、当事者やその事実を知った関係者が行う必要があります。具体的には、本人や任意後見人、任意後見監督人が行いますが、本人の親族などの利害関係人も申請することができます。

なお、任意後見人が解任された場合には、家庭裁判所の嘱託によって登記がなされます。法定後見の場合と同様、終了の登記がなされると登記の記録は閉鎖登記ファイルに記録されます。

# 第６章

# 障害年金のしくみ

# 1 障害年金はどんなしくみになっているのか

基礎年金・厚生年金の2種類があり、障害の程度に応じて支給される

## ◉ 障害年金の全体構造

**障害年金**は、病気やケガで障害を負った人（若年者も含む）に対して給付される年金で、障害基礎年金と障害厚生年金の２種類があります。国民年金の加入者が障害を負った場合は障害基礎年金を受給でき、厚生年金加入者の場合は上乗せ支給があり、障害基礎年金に加えて障害厚生年金が受給できます。

障害年金には、老齢年金より給付の条件が緩い面がある点が大きな特徴です。障害の度合いによっては２階部分、つまり障害厚生年金だけを受け取ることができる場合があります。

障害基礎年金は、障害等級１級か２級に該当する状態にないと受給できないのに対し、障害厚生年金には１級・２級に加え３級や、一時金である障害手当金の制度があります。そして、障害等級１級・２級に該当する場合は障害基礎年金が支給され、さらに厚生年金保険に加入していた場合は、障害厚生年金が上乗せして支給されます。

そのため、基礎年金が受給できなければ上乗せ部分である厚生年金も受け取れない老齢年金とは異なり、障害等級１級、２級に該当せず、障害基礎年金を受給できない場合でも、厚生年金の加入者であれば３級の障害厚生年金や障害手当金を受給できる可能性があります。障害を負う前に国民年金か厚生年金保険のいずれかに加入しているかで、受け取ることのできる障害年金の内容が全く異なるわけです。

なお、障害基礎年金と障害厚生年金の障害等級（１級または２

級）は、同じ基準となっています。障害年金は、そもそも同一の障害に対する保障であるため、実際に認定がなされた場合に該当する等級も必ず一致します。

## ◉ 先天性・後天性障害でどんな年金を受け取れるのか

先天性の障害は、生まれた時点で発生している障害のことです。当然ながら保険料の納付は行っていない状態で障害をかかえることになるため、年金を請求することを躊躇してしまうケースがありますが、このような場合でも障害基礎年金の請求を行うことが可能であり、２級以上の障害等級に該当した場合は20歳の誕生日を迎えた時点で年金を受け取ることができます。

この制度を**二十歳前傷病の障害年金**といいます。ただし、この制度で適用されるのは障害基礎年金のみであり、障害厚生年金を受給することが可能になるのは、初診日が20歳以降であり、厚生年金に加入する必要がある点に注意しなければなりません。

なお、生まれつきの障害であるために初診日の証明が取れない場合などは、「第三者証明」を活用することで未成年時の初診日証明に代わるものとすることができます。ただし、先天性の知的障害をかかえる人の場合、初診日を証明する必要はありません。

また、後天性の障害の場合も、年齢に応じて請求ができる年金の内容が異なります。20歳になるまでの間に初診日が該当する障害に対しては、「二十歳前傷病の障害年金」が適用され、障害等級に該当すれば障害基礎年金の請求が可能です。そして、20歳を超えた際に初診日があり、厚生年金に加入している場合は、要件に該当すれば障害厚生年金を受け取ることができます。

なお、二十歳前傷病の障害年金には所得制限が設けられています。一定の所得を超えた場合、障害等級の上下にかかわらず年金が半額、または全額停止される場合があります。

## ◉ 障害年金の病気やケガとはどんな程度なのか

障害の程度は、医療機関で診断された病名にかかわらず、その人が負っている「障害の内容」に応じて支給が決定されます。

具体的な傷病とは、精神疾患・肉体的な疾患を問いません。先天性・後天性共に問いません。先天性としては、脳性まひや染色体疾患ダウン症候群、フェルニケトン尿症、先天性風疹症候群、発達障害などが挙げられます。後天性の障害には、精神疾患である統合失調症や、肉体的疾患である高次脳機能障害や脳梗塞や脳出血の後遺症、ガンなど、その種類は幅広いものがあります。

ただし、精神疾患に該当する不安障害・パニック障害・人格障害などの「神経症」は障害年金の対象外とされているため、注意が必要です。

## ◉ 障害等級は何に定められているのか

障害等級を認定する基準には、政令で定められた「障害等級表」と、客観指標である「障害認定基準」の２種類があります。なお、障害等級表の等級は、障害のある人が申請することで入手することが可能な障害手帳に記載されている等級とは全く別のものであるため、注意が必要です。したがって、障害手帳を持っていなくても年金を受け取ることが可能です。

障害基礎年金は障害等級１～２級、障害厚生年金は障害等級１～３級に該当した場合に支給されます。そのため、障害等級１級・２級に該当する障害の状態は国民年金法施行令別表に、３級に該当する障害の状態は厚生年金保険法施行令別表第１に、それぞれ規定されています。また、障害手当金の障害の状態については、厚生年金保険法施行令別表第２に規定されています。

おおよその程度としては、１級に該当した場合は、ほぼ寝たきりで日常生活に支障をきたしている場合とされています。一方、

２級の場合は、何とか日常生活をこなす程度であり、外出が厳しい状態です。また、３級の場合は、就労することが難しい、もしくは就労内容が制限されてしまう状態のことをいいます。

## ◉ 世帯収入や本人の収入によって上限はあるのか

障害年金は、年齢・障害等級・保険料納付の３つの要件を満たしていれば受給することが可能な年金です。世帯単位である程度の収入がある場合でも関係なく受け取ることができます。したがって、就労する親や配偶者、子供と同居しており、たとえその世帯全体が高収入の場合でも、障害年金の支給が可能です。

ただし、生まれもった障害である場合や、20歳未満で障害を負った場合は、「二十歳前傷病の障害年金」に該当するためその本人による所得に応じて年金の支給が制限されます。あくまでも本人の収入額であり、家族のものではないことに注意が必要です。なお、先天性の場合などで本人に収入がない場合は、障害等級に応じて満額の障害年金を20歳以降に受け取ることができます。

また、平成３年３月までに国民年金任意加入期間がある学生や昭和61年３月までに国民年金任意加入期間がある労働者の配偶者で当時任意加入していなかったために障害基礎年金を受給していない人は「特別障害給付金制度」の対象となるため、障害年金の所得が制限されます。

### ■ 障害の程度

| 重い障害(１級障害) | やや重い障害(２級障害) | やや軽い障害(３級障害) | 軽い障害(一時金) |
|---|---|---|---|
| 常時介護を要する人 | 常時ではないが随時介護を要する人 | 労働が著しく制限を受ける人 | 聴力や視力、言語に障害があるなど生活に制限を受ける人 |
| １級障害基礎年金<br>１級障害厚生年金 | ２級障害基礎年金<br>２級障害厚生年金 | ３級障害厚生年金 | 障害手当金 |

## 初診日がはっきりしないのですが、正確な日付がわからないと障害年金を請求できないのでしょうか。

初診日は、障害年金を受給するにあたり重要な「初めて医療機関にかかった日」のことですが、場合によっては自身の初診日がいつなのか判別できないケースや、初診日の証明となるカルテが破棄されたケース、またはかかっていた病院が閉鎖したケースなど、「受診状況等証明書」を取得することが不可能な場合があります。
残念ながら、知的障害を除き初診日を証明できないと障害年金は請求できません。初診日には、支給要件の一つである保険料の納付状況を確認する基準日にもなりますし、初診日から１年６か月後が「障害認定日」という障害年金請求において重要な日を特定する役割もあります。したがって初診日が全く証明できない状況で年金請求をしても受付すらしてもらえません。しかし病院自体なくなってしまうこともありますし、通院をやめて10年も経過するとカルテを廃棄されることも珍しくありません。当時担当した医師がいたとしてもカルテが全く残っていない場合、医師の記憶だけでは「受診状況等証明書」は発行してもらえません。このような場合は、「受診状況等証明書が添付できない申立書」を提出します。そして別の方法で初診日を証明していきます。その際、保険料の未納期間がないことを証明でき、障害認定日も争いにならないケース、たとえば二十歳前傷病による障害や障害認定日をある程度経過した後の事後重症による年金請求の場合、厳密な初診日の特定までは求められません。医師が通院していたことを記憶していればかなり有力な証言となりますが、それ以外でも障害者手帳を申請した時の診断書、あるいは当時の診察券や治療費を支払った時の領収書、家族以外の複数名の証言、など初診日に関する資料をできる限り集めます。そうすることによって障害年金を受給するための道が開かれます。

# 2 障害基礎年金のしくみと受給額について知っておこう

初診日・障害等級・保険料納付の要件に該当すれば請求できる

## ◉ どんな場合に障害基礎年金を受給できるのか

**障害基礎年金**は、原則として次の３つの要件をすべて満たしている場合に支給されます。

① 病気やケガを負い、医療機関で診察を最初に受けた日である（初診日）に国民年金に加入していること。または、過去に国民年金の加入者であった60歳から65歳の人で、日本国内に在住していること

② 初診日から１年６か月を経過した日、または治癒した日（障害認定日）に障害等級が１級または２級に該当すること

③ 初診日の前日に保険料納付要件を満たしていること

なお、③の保険料納付要件とは、初診日の月の前々月までに国民年金の加入者であったときは、全加入期間のうち保険料の納付期間と免除期間が３分の２以上を占めることをいいます（65歳未満の時点で初診日を迎えた場合については、初診日が属する月の２か月前までの１年間に保険料未納期間がないことを意味します）。

## ◉ ３つの要件についての注意点

障害基礎年金をもらえる人は、国民年金の加入者か、老齢基礎年金をまだ受け取っていない60 ～ 65歳の人で、一定の条件の下で障害等級が１級か２級と認定され、さらに国民年金の保険料の滞納が３分の１未満の人ということになります。

障害年金制度に年齢要件が設けられているのは、他の年金と重複しないようにするためです。年金は国民の生活保障のために支

給されるものであるため、一人あたり１つの年金が支給されます。たとえば、65歳を迎えた場合、支給要件を満たす国民であればすべてが老齢年金の支給対象者となります。したがって、障害基礎年金には65歳未満という要件が存在するのです。

また、③の保険料納付要件に関する規定では、特例として初診日が平成38年３月31日以前の場合、初診日の月の前々月までの直近１年間に保険料の滞納がなければ受給できることになっています。ただし、初診日が基準となるため、病気やケガで診察を受けて、障害が残りそうだということで慌てて滞納分を払いに行っても、時すでに遅しで、給付対象にはなりません。

なお、②の障害認定日において認定が必要な等級は、障害基礎年金の場合は障害等級が１級または２級、障害厚生年金の場合は障害等級１級または２級、３級が必要であることにも、それぞれ注意が必要です。障害等級に該当する障害には、肉体的な障害に加え、精神障害も含まれます。

なお、「治癒した」とは、一般的なイメージで言う「治る」とは異なり、症状が固定し、障害の原因になる病気やケガの治療行為が終わることです。「完治した」という意味ではありません。

## ◉ 20歳になる前に障害を負った場合には受給できないのか

障害基礎年金の支給を受けるためには、対象となる傷病の初診日に被保険者等要件や保険料納付要件を満たす必要があります。そのため、国民年金の第２号被保険者として社会保険の適用事業所で働く者を除く20歳前の未成年が障害等級に相当する障害を負った場合は、国民年金の被保険者ではないため障害基礎年金を受給することができません。

しかし、納めるべき保険料を滞納していたわけではなく、本来は保険料を納める立場にない若者が、たまたま障害を負ってしまったために国の補償を受けることができず、無年金となってしまうのは合理的とはいえません。また、障害には生まれつきのものもあるため、幼い頃より障害により生活に支障をきたす者も存在します。

そこで、このような20歳前の障害を負う者に対する制度として「二十歳前傷病による障害基礎年金」という制度が設けられています。具体的には、20歳未満の者が障害の認定を受けた場合は20歳になった日、20歳以後に障害の認定を受けた場合はその障害認定日にそれぞれ障害等級に該当する場合、障害基礎年金が支給されます。

この「20歳未満」という年齢要件には下限がなく、たとえ生まれたばかりの0歳児であったとしても、先天性の障害をかかえており、障害等級に該当する状態であれば20歳以降に障害基礎年金

■ 障害給付の保険料納付済期間

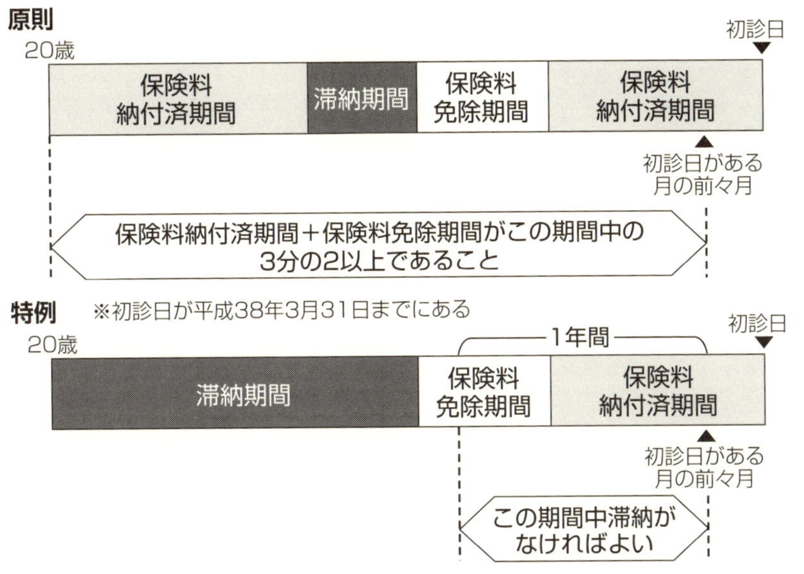

を受給することができます。ただし、知的障害の場合は生まれた日が初診日となる点に注意が必要です。

この制度により、公的年金の加入者ではない若者も障害基礎年金を受給することができますが、通常の障害基礎年金とは異なり、一定額を超える所得がある場合は支給が停止されます。

## ◉ 納付する保険料額について

障害基礎年金が支給されるための要件のひとつとして、保険料納付要件が挙げられます。これは、国民年金第１号被保険者または任意加入被保険者の場合は国民年金保険料を支払った期間、第２号被保険者の場合は厚生年金保険料を支払った期間で判断されます。なお、第３号被保険者の場合は２号被保険者の被扶養者であるため保険料の納付は不要です。国民年金保険料は、平成29年度の場合は毎月16,490円です。厚生年金保険料の場合は、収入に応じて定められた標準報酬月額に該当する金額となります。つまり、所得の金額に比例して保険料額が増減する点に注意が必要です。

## ◉ 障害基礎年金の受給額

障害基礎年金は、加入期間の長短に関係なく障害の等級によって定額になっています。

支給額については一定期間ごとに見直しが行われており、平成28年度の基準からは、１級が年額97万5,125円（２級の125％にあたる)、２級が年額78万100円（老齢基礎年金の満額と同額）です。それに加えて18歳未満の子（または一定の障害をもつ20歳未満の子）がいる場合は、子１人につき22万4,500円（３人目からは７万4,800円）が加算されます。

いずれの場合も、障害認定日から障害に該当する限りは一生涯にわたり支給されます。

# 3 障害厚生年金のしくみと受給額について知っておこう

厚生年金の加入者が受け取ることのできる年金である

## ◉ どんな場合に障害厚生年金を受給できるのか

障害厚生年金は、厚生年金保険による生活保障年金です。支給要件については、障害基礎年金と同じ内容となっています。そして、障害厚生年金を受給するには下記の要件に該当する必要があります。

① 厚生年金へ加入している期間中に初めて医師の診療を受けた初診日が該当していること

② 障害等級に該当する障害をかかえていること

③ 初診日前日の時点で、以下のいずれかの保険料納付要件を満たしていること

ⓐ 初診日のある月の２か月前までの公的年金加入期間のうち、３分の２以上の期間は保険料が納付または免除されていること

ⓑ 初診日に65歳未満の者であり、初診日のある月の２か月前までの１年間に、保険料の未納期間が含まれていないこと

## ◉ 要件についての注意点

障害厚生年金は、厚生年金の加入者を対象とした年金であるため、先天性の障害をかかえる場合は原則として支給の対象とはなりません。

ただし、先天性の障害であっても、実際に詳しい障害が判明するのが年を重ねた時点になる場合があります。たとえば、先天性の股関節脱臼をかかえている場合でも、実際には成人になってから痛みなどで生活に支障をきたすケースなどが挙げられます。

この場合、実際に痛みを感じて医師の診察を受けた初診日の時点で厚生年金へ加入している事実があれば、たとえ痛みの原因が先天性の障害であっても障害厚生年金の請求を行うことができる可能性があります。なぜなら、障害年金の初診日の概念は医学的なものとは異なるため、医師が「先天性である」と医学的見解で判断を行ったとしても、障害年金の支給要件としての見解では初診日の時期が違うケースが生じます。

## ◉ 納付する保険料額について

障害厚生年金を受給するためには、厚生年金へ加入し、厚生年金保険料を納付する必要があります。実際の金額は、31等級に分類された標準報酬に基づき、一定の率（平成28年９月から平成29年８月までの保険料率は、坑内員・船員を除く被保険者の場合18.182％）を乗じた金額となります。ただし、原則として厚生年金保険料は被保険者と事業所で折半して納付するため、実際に支払う場合は上記の金額を２で除した金額となります。

## ◉ 障害厚生年金の受給額

障害厚生年金は、１級障害の場合は老齢厚生年金の1.25倍、２級障害の場合は老齢厚生年金と同一の金額が支給されます。

障害の程度や収入に応じた金額が支給されるのが原則となるため、障害厚生年金の支給額は、その人の障害の程度や収入に応じて異なった金額になります。

障害厚生年金の額を計算する場合、平成15年４月以降の期間とそれより前の期間とで、計算方法が異なります（次ページ図参照）。厚生年金保険への加入期間の長さも関係します（現役会社員で加入期間が300か月に満たない場合は、300か月の加入期間があったものとみなして支給額が算出されます）。

障害厚生年金の場合、障害基礎年金と異なり、子どもがいる場合の加算はありません。その代わり、１級２級の場合は受給権が発生した当時、その者により生計を維持していた65歳未満の配偶者がいる場合は加給年金額22万4,500円が加算されます。３級の場合は加給年金がありませんが、58万5,100円が最低保障額として定められています。

## ■ 障害給付の受給額

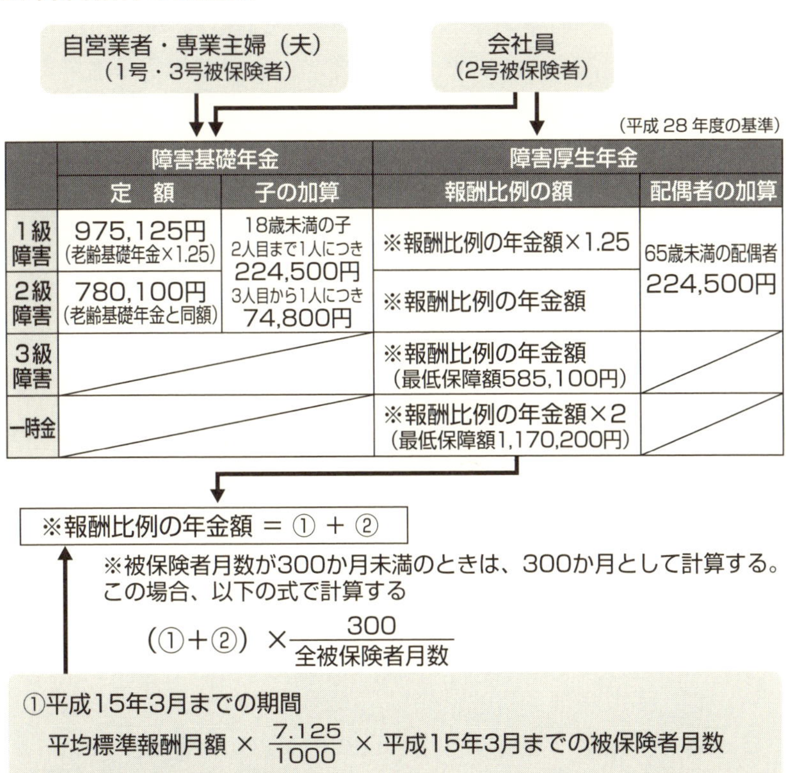


| | 障害基礎年金 | | 障害厚生年金 | |
|---|---|---|---|---|
| | 定　額 | 子の加算 | 報酬比例の額 | 配偶者の加算 |
| 1級障害 | 975,125円（老齢基礎年金×1.25） | 18歳未満の子<br>2人目まで1人につき<br>224,500円<br>3人目から1人につき<br>74,800円 | ※報酬比例の年金額×1.25 | 65歳未満の配偶者<br>224,500円 |
| 2級障害 | 780,100円（老齢基礎年金と同額） | | ※報酬比例の年金額 | |
| 3級障害 | | | ※報酬比例の年金額（最低保障額585,100円） | |
| 一時金 | | | ※報酬比例の年金額×2（最低保障額1,170,200円） | |



$$(①+②) \times \frac{300}{\text{全被保険者月数}}$$



$$\text{平均標準報酬月額} \times \frac{7.125}{1000} \times \text{平成15年3月までの被保険者月数}$$



$$\text{平均標準報酬額} \times \frac{5.481}{1000} \times \text{平成15年4月以降の被保険者月数}$$

# 4 障害手当金のしくみと受給額について知っておこう

3級に満たない障害に該当することで受給できる一時金である

## ◉ 障害手当金とは

**障害手当金**は、初診日から5年経過日までに症状が治癒した日に障害等級3級に満たない障害、つまり4級以下の障害に該当すれば支給される一時金のことです。障害手当金は、病気やケガで初めて医師の診療を受けた日（初診日）において被保険者であった者が、その初診日から起算して5年を経過する日までの間にその病気やケガが治った日に、一定の障害の状態に該当した場合に支給されます。ただし、障害手当金を受給すると、その後に障害の程度が悪化しても同一の疾患について障害給付を受給できなくなる場合があります。そのため、障害手当金の受給は慎重に行うことが重要です。障害手当金は、初診日に障害厚生年金に加入していなければ支給されません。また、初診日の前日において、初診日の属する月の前々月までに被保険者期間があり、その被保険者期間のうち、保険料納付済期間と保険料免除期間をあわせた期間が被保険者期間の3分の2未満である場合は支給されません。ただし、平成38年4月1日より前に初診日のある障害で、初診日の前日において初診日の属する月の前々月までの1年間に保険料の未納がない場合には障害手当金が支給されるという特例措置があります。障害手当金の支給額は、報酬比例の年金額の2倍相当額で、最低保障額（平成28年度は117万200円）が定められています。障害手当金の額には物価スライドは適用されませんが、本来の2級の障害基礎年金の額の4分の3に2を乗じて得た額に満たないときは、最低保障額を見直します。

## ◉ 障害手当金を受給できない場合

障害を定める日において、公的年金給付、公務員や教職員の補償の対象者、障害補償や船員保険法の規定による障害を支給事由とする年金給付の受給権者には、障害手当金が支給されません。

また、先天性障害をかかえている者の場合も、原則として支給されません。ただし、先天性障害であっても、年齢を重ねることで悪化し、成人して厚生年金に加入している状態で障害手当金の支給要件に該当した場合は、受け取ることができます。

なお、公的年金における障害給付の受給権者で障害等級1～3級に該当せず3年が経過した者（現に障害状態に該当しない者に限る）は、障害手当金の支給を受けることができます。

### ■ 障害手当金の対象になる障害

- 両眼の視力が0.6以下に減じたもの
- 1眼の視力が0.1以下に減じたもの
- 両眼のまぶたに著しい欠損を残すもの
- 両眼による視野が2分の1以上欠損したものまたは両眼の視野が10度以下のもの
- 両眼の調節機能および輻輳機能に著しい障害を残すもの
- 1耳の聴力が、耳殻に接しなければ大声による話を解することができない程度に減じたもの
- そしゃくまたは言語の機能に障害を残すもの
- 鼻を欠損し、その機能に著しい障害を残すもの
- 脊柱の機能に障害を残すもの
- 1上肢の3大関節のうち、1関節に著しい機能障害を残すもの
- 1下肢の3大関節のうち、1関節に著しい機能障害を残すもの
- 1下肢を3cm以上短縮したもの
- 長管状骨に著しい転位変形を残すもの
- 1上肢の2指以上を失ったもの
- 1上肢のひとさし指を失ったもの
- 1上肢の3指以上の用を廃したもの
- ひとさし指を併せ1上肢の2指の用を廃したもの
- 1上肢のおや指の用を廃したもの
- 1下肢の第1趾または他の4趾以上を失ったもの
- 1下肢の5趾の用を廃したもの
- 前各号に掲げるもののほか、身体の機能に、労働が著しい制限を受けることを必要とする程度の障害を残すもの
- 精神または神経系統に、労働が著しい制限を受けるか、または労働に著しい制限を加えることを必要とする程度の障害を残すもの

# 5 併合認定について知っておこう

## 併合認定・併合改定の判断基準は後発の障害程度に準じる

### ◉ 併合認定とは

障害をかかえる人が、さらに別の障害状態となる場合があります。このような場合は、**併合認定**という制度を利用し、２つの障害をあわせて一つの障害年金として受け取ることが可能です。

併合認定を具体的に説明すると、年金の受給審査の対象となる障害認定日に１級・２級に該当した人に、新たに障害等級１級・２級の障害等級に該当する障害が発生した場合、この前後の障害を併合した上で新たに障害の程度（最も重い等級）が決められる制度のことです。たとえば、もともと目や耳が不自由で障害手帳を取得している人が就労中にうつ病を患ってしまった場合や、事故により生活に支障をきたす程度の大ケガをした人がさらに内臓疾患にかかる場合など、疾病の種類はさまざまです。また、交通事故などで上半身と下半身の一部を切断するほどのケガを負った場合なども、上半身の障害・下半身の障害を併合することが可能です。併合認定は、障害認定日に「２級以上」の障害がある人だけが対象になります。その中には、３級まで軽減していたものの、新しく２級以上になった場合も含まれます。

注意しなければならないのが、前発の障害、後発の障害いずれも障害等級２級以上に該当する内容でなければ、併合認定が行われない、ということです。また、障害等級に該当する障害であれば、３つ以上の複数障害を併合することも可能です。

そして、障害等級に該当する障害同士を併合すれば必ず上の等級になるわけでもありません。たとえば、障害等級２級同士を併合した場合、１級に上がる場合もあれば、２級のままの場合もあります。自身がかかえる障害同士がどのように併合されるかについては、厚生労働省によって定められた障害認定基準（併合については併合判定参考表）により決定されます。

なお、障害等級２級に該当する者が新たに障害等級３級に該当する目か耳の障害を負った場合は、１級に認定されるものと定められています。

また、新たに障害等級に該当する障害が発生したものの、その障害が労働基準法の規定による傷害補償を受けることができるために支給停止される場合、支給停止されている期間は併合認定後の等級は適用されず、もともとの障害年金が支給されます。

## ◉ 併合改定とは

**併合改定**とは、障害年金の受給者が、その後障害等級に該当しない程度の傷病（その他障害）にかかり、65歳になるまでの間に「障害年金＋その他障害」を併合した障害の程度が支給されている年金の程度よりも重症の場合は、障害年金額の改定を請求することができる制度です。この請求は、65歳になるまでの間に行う必要があります。たとえば、交通事故による高次脳機能障害を発症した人が、障害等級に該当しない程度のケガを負ったことでさらに生活が困難になった場合などが挙げられます。前述の併合認定の場合は、後発の障害の程度が２級以上の内容と定められていることに対し、併合改定の場合は後発となるその他障害の程度が３級以下、つまり障害等級に該当しない場合までも含まれます。

また、併合認定が行われた場合は前発の障害年金を受ける権利は消滅し、後発の受給権に代わりますが、併合改定の場合は前発の障害年金を受ける権利を残したまま、障害等級が変更されるというシステムをとります。

## 後で障害の程度が緩和あるいは悪化するとどうなるのでしょうか。

傷害の程度の変化に応じて事後重症・増進改定に該当し、年金額が改定されます。

障害年金の受給中に障害の程度が変わった場合、障害年金の額が改定されます。

障害年金は、原則として「有期」の年金です。障害等級に該当する限りは支給継続される点に変わりはないものの、ほとんどの障害年金には1～5年ごとの更新時期が定められています。更新時には、障害状態が継続されていることを証明するための診断書や障害状態確認届など書類を届け出なければなりません。この更新時に障害等級が重くなればその等級に基づいて給付額が増え、軽くなれば減額になります。そして、障害等級の該当から外れた場合は、年金は支給されません。なお、障害が重くなった場合、支給額の増額申請ができるのは65歳までと定められています。

障害年金の改定は、具体的に次のケースが想定されています。それぞれのケースにおいて、障害年金支給の改定が行われます。

① 事後重症

障害認定日の時点では、障害等級が1～3号に該当しなかったものの、後に症状が悪化して、等級が1～3号に該当するようになった場合に該当します。図（次ページ）のBのケースに該当し、障害認定日以降に障害等級に該当した場合、請求した月の翌月から障害年金の受給ができます。なお、65歳以降は事後重症の申請を行うことはできません。

② 増進改定

障害認定日には障害等級が2～3級で障害年金を受給していたものの、後に症状が悪化して1～2号に該当するようになった場合に該当します。なお、増進改定は、65歳以降でも申請することができます。

**●3級から2級に該当した場合**

障害等級3級の者が2級以上に該当することになった場合は、障害基礎年金と障害厚生年金で扱いが異なります。これは、障害基礎年金の等級が2級、障害厚生年金の等級が3級まで定められていることが原因です。この場合、障害基礎年金は事後重症、障害厚生年金は増進改定になります。また、65歳以降の申請は認められないため、障害基礎年金は受け取れず、障害厚生年金も増額されません。しかし、もともと2級以上の者が後に3級となり、その後再度2級以上になった場合は、65歳以降でも改定申請ができます。以前は障害基礎年金を受け取っていたという理由から、受給権は消滅しておらず、増進改定が認められるためです。

## ■ 事後重症と障害年金の請求

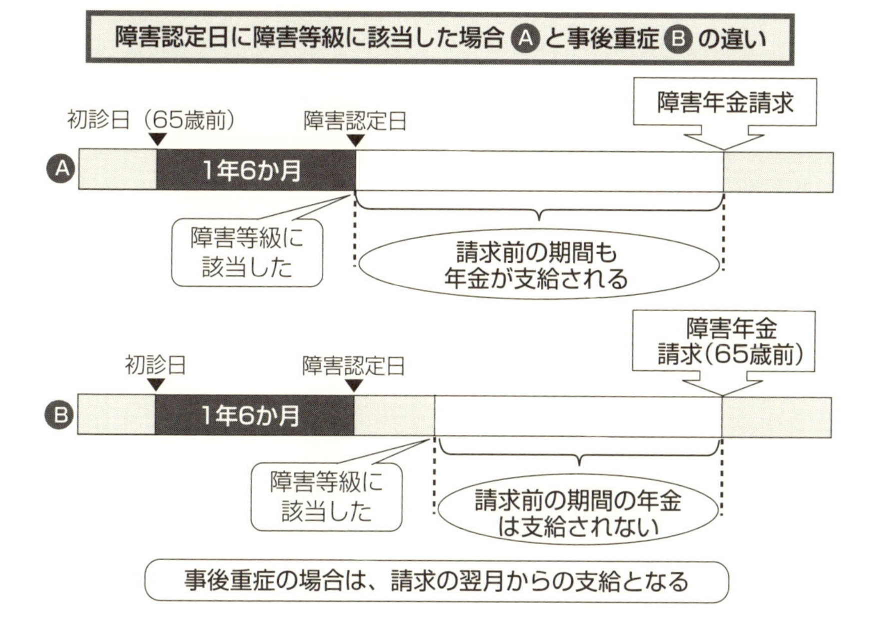

**Q** **事後重症を理由に年金を請求したのですが、後で障害認定日に要件を充たしていたことが後からわかりました。この場合、障害認定日請求することはもうできないのでしょうか。**

**A** 事後重症請求を行った上で障害年金を受け取っていたものの、新たに障害認定日における要件を満たしていたことが判明した場合や、障害認定日にさかのぼった請求ができることを知らず、後日気づいた場合などは、改めて障害認定日の請求をやり直すことができます。実際に障害認定請求を行う場合は、現在の年金請求の取下げと、新たに請求をやり直す手続きを同時に取ることになります。必要書類としては、年金請求書と加給年金対象者がいる場合は証明書類、障害認定日時点での診断書、病歴・就労状況等申立書（事後重症請求時～障害認定日請求までの期間分）など、障害認定日請求に必要な書類が挙げられます。それに加え、事後重症請求時に受け取った年金証書や取下げ書、請求切り替えに至った経緯を記す理由書が必要です。

実際に障害認定日までさかのぼって請求を行い、認定された場合は、認定による障害年金に加え、障害認定日までの期間分の障害年金を受け取ることができます。たとえば、障害認定日から３年経過した時点で障害認定日請求を行い認められた場合は、３年分の障害年金をまとめて受け取ることが可能です。事後重症請求に比べ、さかのぼった請求分も上乗せ支給されるため、かなりのメリットがあるといえます。

ただし、さかのぼることができる期間には時効があり、５年が限度とされています。したがって、５年を超える期間をおいた上で事後重症請求を実施した場合は、請求時以前５年分しかさかのぼることができないため、さほどのメリットは見込めない場合もあります。

6

# 障害年金の請求パターンについて知っておこう

障害認定日の翌月に遡って請求できる場合もある

## ◉ 障害年金の請求

障害年金の請求手続きは、原則として初診日から１年６か月を経過した日（障害認定日）の障害の状態を判断の基準として行います。ただし、初診日から１年６か月を経過する前に治ゆした場合（症状が固定し、治療の効果が期待できない状態となったとき）は、例外として、１年６か月を経過していなくても、その治ゆしたときを基準に裁定請求をすることができます。たとえば、心臓の障害の場合はペースメーカーを装着した日、肢体の障害の場合は切断をした日、などが障害認定日となります。

なお、裁定請求の手続きは障害認定日以降に行うことになります。障害認定日以降とは、具体的には認定日から１年以内の期間で、この期間に請求することを**本来請求**といいます。本来請求として裁定請求を行い、認定された場合は障害認定日の翌月分から障害年金を受給できるようになります。

また、障害年金の請求には、本来請求の他に「遡及請求」という方法があります。これは、障害認定日から１年を経過した場合でも、障害認定日にさかのぼって請求を行う方法のことです。遡及請求を行うためには、障害認定日より３か月以内に診察した医師による診断書に加え、請求を行う時点での診断書が必要となります。ただし、遡及請求を行う場合は、最大５年分しかさかのぼることができない点に注意が必要です。これは、障害年金の時効は５年となっているためで、請求が遅れて５年を超えてしまった場合は、請求日から遡って５年間分しか受給することができません。たとえば、障害認定日の７年後に裁定請求をした場合、請求日から５年分しか支給されず、残りの２年分は受給することができないということになります。

なお、生まれながらに障害をかかえる先天性障害者の場合や、未成年時に障害をかかえてしまった者については、保険料の納付要件を問わず、20歳に到達した日を障害認定日とした上で、障害年金の請求をすることになります。これを「二十歳前傷病の障害年金」といい、20歳になった以降に前述のような本来請求や遡及請求の手続きを取り、年金を受け取ることができます。

## ◉ 事後重症による請求

初診日から１年６か月が経過した日（障害認定日）には障害年金を受けるほどの状態ではなかったものの、その後悪化して障害等級に該当する程度になった場合は、65歳の誕生日前々日までであれば、そのときに裁定請求することができます。このことを、**事後重症による請求**といいます。障害認定日に障害等級に該当していなかったという場合だけでなく、受診歴やカルテがないために、障害認定日に障害等級に該当していたことを証明できないという場合にも、事後重症による請求をすることになります。

なお、事後重症による請求の場合の障害年金は、請求日の翌月分から支給されることになります。

## ◉ 初めて２級障害による請求

**初めて２級障害**とは、すでに２級より下と判断される何らかの障害を持っている者に対して新たな障害が発生した場合に、既存の障害と新たな障害を併合することで「初めて障害等級２級以上に該当した場合」のことです。なお、この場合の新たな障害のことを**基準障害**といい、「初めて２級障害」のことを**基準障害によ**

**る障害年金**と呼ぶ場合もあります。

この「初めて２級障害」に該当した場合は、後発の新たな傷病に対する初診日を基準として、初診日における被保険者等要件と保険料納付要件をクリアしているかを判断します。一方、先に発生していた既存の障害にまつわる被保険者要件や保険料納付要件は一切問われることはありません。基準障害における被保険者等要件と保険料納付要件の具体的内容は、通常の障害年金の場合と同様です。基準障害の初診日の前日において、保険料を未納している期間が１年以上ある場合や、納めるべき期間の３分の１以上が未納である場合は受給することができません。

申請は、原則として65歳までに行う必要があります。ただし、65歳になる前日までに障害等級２級以上に該当した場合は年金の受給権が発生するため、65歳を超えても請求できます。

被保険者要件と保険料納付要件を満たした上で請求を行った場合、請求月の翌月より、既存の障害と基準障害を併合した新たな障害の程度に該当する障害年金が支給されます。

なお、老齢基礎年金を繰り上げ受給している場合は請求ができません。また、過去にさかのぼっての支給は行われないため、早急に手続きを取る方法が有効です。

## ■ 初めて２級障害のしくみ

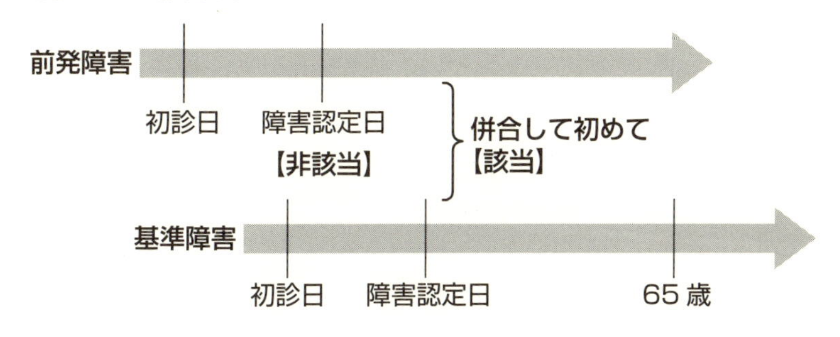

# 7 障害年金はいつから受給できるのかを知っておこう

請求の内容に応じて支給開始時期が異なる

## ◉ いつから支給開始されるのか

障害年金は、年金を請求した時期に応じて、支給開始される時期が異なります。

まず、障害認定日に障害等級に該当しており、その上で認定日1年以内に請求を実施する「本来請求」の場合は、認定が下りた場合は障害認定日の翌月より支給が開始されます。

一方、請求の時点で障害認定日より1年を過ぎている状態でさかのぼって請求を行う「遡及請求」の場合は、基本的には障害認定日の翌月より支給が開始されますが、さかのぼることができる期間は最長5年となる点に注意が必要です。遡及請求の場合は65歳を超えた状態でも請求し、受け取ることが可能です。

また、障害認定日後に障害等級に該当することで請求を行う「事後重症請求」の場合は、請求した月の翌月より支給が開始されます。過去にさかのぼって請求を行わない点が、遡及請求とは異なります。なお、事後重症請求の場合は、65歳を迎える前に請求を済ませる必要があります。

その他、もともと障害等級に該当しない障害をかかえている人が新たに傷病を患うことで障害等級に該当する状態となった場合には、後に患った傷病における初診日で受給要件が審査され、請求した月の翌月から支給が開始されます。この場合は、65歳になる前に障害等級に該当する障害をかかえていれば、65歳を超えても請求を行うことが可能です。

なお、先天性の障害や未成年で障害を抱えることになった場合は、初診日に国民年金に加入していませんが、「二十歳前傷病の障害年金」という制度があるため、保険料納付要件を問われることなく障害基礎年金の請求が可能で、20歳以降に年金を受け取ることができます。

## ◉ いつまで受け取れるのか

支給開始された障害年金は、受取人が死亡または障害状態を外れた場合には支給停止されます。つまり障害状態が改善しない限り一生涯死ぬまで受け取り続けることが可能です。

なお、老齢年金を受給することになった場合に支給される年金については、年齢に応じて異なります。たとえば、65歳までに老齢年金の支給を受けることになった場合は、老齢年金と障害年金のうち年金額が高い方を選択することになります。

一方、65歳を迎えて老齢年金を受け取ることとなった場合は、①老齢基礎年金と老齢厚生年金、②障害基礎年金と障害厚生年金、③障害基礎年金＋老齢厚生年金のいずれかの組み合わせのうち、最も高額となる内容を選択して受け取ることができます。

### ■ 障害年金支給の開始と終了

<table>
<tr><th colspan="2">請求の種類</th><th>請求日</th><th>支給開始月</th><th>支給の終了</th></tr>
<tr><td rowspan="2">障害認定日請求</td><td>本来請求</td><td>制限なし</td><td>障害認定日の翌月分から</td><td rowspan="4">受取人が死亡したとき<br>受取人が障害状態を外れたとき</td></tr>
<tr><td>遡及請求</td><td>制限なし</td><td>同上<br>（5年の時効あり）</td></tr>
<tr><td colspan="2">事後重症請求</td><td>65歳に達する日の前日まで</td><td>請求日の翌月分から</td></tr>
<tr><td colspan="2">初めて2級請求</td><td>制限なし</td><td>請求日の翌月分から</td></tr>
</table>

# 8 受給するために何から始めればよいのか

病院に初めてかかった日と具体的な症状から確認をする

## ◉ 受給の可能性を検討する

障害年金を受給するには、定められた受給要件を満たす必要があります。まずは、受給の可能性があるかを検討してみましょう。

第一に確認すべきなのは、**初診日**です。初診日とは、年金の受給を検討している障害のもととなっている病気やケガについて、初めて病院の医師による診療を受けた日のことです。

まずは、初めてケガをした日、もしくは体調不良を感じた日について思い出してみましょう。すぐに思い出せない場合は、病院の領収証や保険調剤明細書、お薬手帳などを確認し、かかった日とかかった病院名を割り出します。このような場合に備え、特に大きな疾病や長期にわたりそうな疾病にかかった場合は、日頃から領収証や明細書を整理しておく方法が重要です。

なお、先天性の障害の場合は、初診日は生まれた日となり、障害認定日は20歳に到達した日となります。この場合は、20歳になるまでは障害年金の請求はできず、20歳になってから請求の手続きを取る必要があります。

また、先天性の場合でも、実際に生活に支障ときたす程度の症状が確認できるのが後日になってから、という場合があるため注意が必要です。たとえば、先天性の障害をかかえている状態で、後日に痛みが生じて生活するのことが困難になったケースなどが挙げられます。このような場合は、痛みが生じた時点で初めて病院にかかった日が初診日となります。

次に確認すべきことは、対象となる**障害の程度**です。障害基礎年金を受給する場合は障害等級１級または２級、障害厚生年金を受給する場合は障害等級１級または２級、３級に該当する必要があります。

まずは、自身の症状がどのような内容であるかを確認する必要があります。肉体的な部分における障害の場合は歩行や食事、入浴、掃除や洗濯などの日常生活への支障はどの程度生じているのかを洗い出します。検査の数値により障害の等級が決定する症状もあるため、かかりつけの医師にも相談してみましょう。一方、精神的な部分における内容の場合は、診断された病名や、その症状によって日常生活への支障がどの程度生じているのかを確認します。

特に自身や家族の障害の状態が長引くと、心身共に疲労が蓄積してしまい、なかなか確認作業が進まないケースもあります。このような場合は、社会保険労務士などの専門家に相談してみるのも有効です。最近では、無料相談を受け付けている場合があるので、検討してみてもよいでしょう。

### ◉ ３つの書類を準備する

障害年金の受給の可能性が確認できたところで、次は具体的な準備を開始します。必要となる書類があるため、確実に揃えていきましょう。準備する書類とは、「①受診状況等証明書」「②医師による診断書」「③病歴・就労状況等申立書」の３つです。

①の受診状況等証明書とは、別名「初診日証明」ともいわれる書類のことで、障害のもととなっている病気やケガで初めて病院を受診した「初診日」を証明するための書類です。初めて受診した先である病院の医師に依頼し、作成をしてもらいます。

この書類は、初診以降ずっと同じ病院にかかっている場合は、医師による診断書によって初診日の証明がなされるという理由から用意する必要はありません。一方、初めてかかった病院が遠方だった場合や、より確実に治療を受けられるよう別の病院へ転院した場合などは、初診日の確認ができるように受診状況等証明書が必要になります。

②の医師による診断書とは、障害の程度を証明するために医師に発行してもらう書類です。病気やケガの状況や治療にかかった日数、手術が必要であった場合はその内容や入院日数などが記載されています。

③の病歴・就労状況等申立書とは、前述の２つの書類とは異なり、医師ではなく患者側（本人またはその家族）が作成する書類となります。病名や発病日、初診日や障害の程度など、受診状況等証明書や診断書に書かれた内容に加え、診断書だけでは図ることができない、具体的な症状や日常生活で生じている支障の内容について記載します。たとえば、医師にかかっていない間の症状や外出、仕事や食欲、着替え、炊事、洗濯、入浴などへの影響などを具体的に記していきます。

病歴・就労状況等申立書は、障害年金の受給審査に影響する重要な存在であり、患者側が作成する唯一の書類です。記載後は、客観的な視点から判断ができる立場の者に内容を確認してもらう方法を取ることが有効です。

これらの３つの書類は、①→②→③の順番で準備していきます。それぞれの書類の内容に矛盾がないかをチェックを行った上で提出をしましょう。

## ◉ 年金事務所へ行く前の準備

３つの書類が無事にそろったところで、実際に年金事務所へ行き、申請の手続きを行うことになります。まずは、最寄りの年金事務所の所在地を確認しましょう。実際に申請に行く日の開所時間や交通機関、駐車場の有無確認も重要です。

所在地や開所時間については、パソコンで日本年金機構のホームページや、自宅の住所を入力することで、管轄の年金事務所を調べることが可能です。なお、所轄の年金事務所ではなく、職場近くの年金事務所へ行くこともできます。

次に、年金手帳を準備します。年金手帳は年代により色が異なり、青色または鮮やかなオレンジ色の表紙で、母子手帳やパスポート大の書類です。準備した上で、基礎年金番号を確認しましょう。なお、年金手帳を紛失した場合は、本人確認のできる免許証や健康保険証を準備することで、同じ年金事務所で再発行をしてもらうことが可能です。

## ■ 障害年金請求時の必要書類と手続き

**障害年金請求時の必要書類**

| 必要書類 | 備　考 |
|---|---|
| 年金請求書 | 年金事務所、市区町村役場でもらう |
| 年金手帳<br>基礎年金番号通知書 | 本人と配偶者のもの |
| 病歴・就労状況等申立書 | 障害の原因となった病気・ケガなどについて記載する |
| 診断書 | 部位ごとの診断書を医師に記入してもらう |
| 受診状況等証明書 | 診断書作成の病院と初診時の病院が違うとき |
| 戸籍抄本 | 受給権発生日以降、提出日の6か月以内。子がいる場合は戸籍謄本世帯全員、省略なし |
| 住民票 | |
| 印鑑 | 認印（シャチハタは不可） |
| 預金通帳 | 本人名義のもの |
| 配偶者の所得証明書<br>（または非課税証明書） | 加給年金対象の配偶者がいるとき市区町村の税務課で発行 |
| 子の生計維持を証明するもの | 加給年金対象の配偶者がいるとき　在学証明書など |
| 年金証書 | 本人、配偶者がすでに年金をもらっているとき |
| 年金加入期間確認通知書 | 共済組合の加入期間があるとき |

**障害年金の手続き**

| 初診日の年金加入状況 | | 請求先 |
|---|---|---|
| 厚生年金 | | 最後の会社を管轄する年金事務所 |
| 国民年金 | 第１号被保険者 | 市区町村役場 |
| | 第３号被保険者 | 住所地を管轄する年金事務所 |
| 20歳前に初診日がある場合 | | 市区町村役場 |

※各地の年金相談センターでは、管轄を問わず受け付けてくれる

**障害と診断されてからしばらく病院に行っておらず、3か月以内の診断書がありません。もう請求は認められないのでしょうか。**

A 障害年金の請求を行う場合、基本的には障害認定日における診断書が必要です。この診断書は、障害認定日から3か月以内に病院を訪れ、作成してもらわなければなりません。この診断書がないと年金請求は受理してもらえません。

しかし、障害認定日から3か月以内に診断書を作成してもらっていなくても対処方法はあります。まず障害認定日の3か月以内に病院で診察をうけていて、カルテが残っている場合はその受診日のものとして診断書を作成してもらえます。一方、障害認定日の3か月以内には病院に行っていないという場合は、事後重症に切り替えることで年金請求をすることが可能になります。指定書式の診断書を持って医師の診断を受けます。かかりつけの医師がいる場合はその医師に診断してもらいます。しばらく通院していないという場合も以前診察してもらった医師がよいでしょう。病院が閉鎖していたり、転居のため以前診察をうけた病院に行けないような場合は近所の病院でも大丈夫ですが、障害年金請求用の診断書は特殊なため、記載経験のあるような大きな病院の方がよいでしょう。新たに診察を受け、現在の障害の状況について診断してもらいます。診察を受ける際に障害年金の診断書を書いていただくためであることを伝えます。

現在の障害状況を記載した診断書をもらい、事後重症として年金請求します。実際には障害認定日当時重度の障害があったとしても、当時は年金対象にならない程度の軽い障害だったのが、今になって重症化したとして請求します。障害認定日の状況を証明できないため、やむを得ない方法です。障害認定日請求の場合は最大5年間遡って支給されますが、事後重症の場合は請求月の翌月からの支給となります。

## 初診日のカルテが廃棄されている場合はどうすればよいのでしょうか。

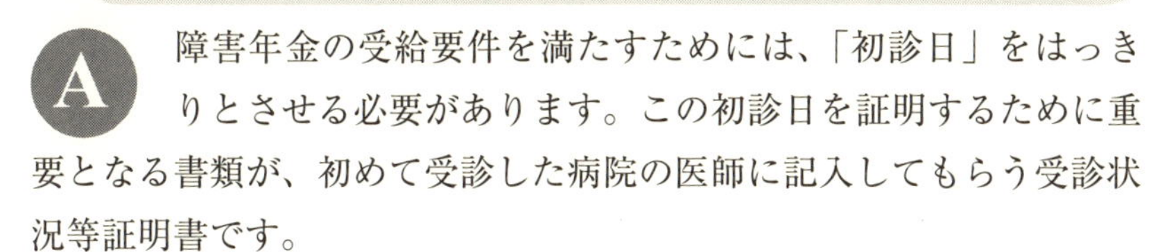

障害年金の受給要件を満たすためには、「初診日」をはっきりとさせる必要があります。この初診日を証明するために重要となる書類が、初めて受診した病院の医師に記入してもらう受診状況等証明書です。

しかし、たとえばかかった病院が廃院している場合やカルテが廃棄されている場合など、中にはこの受診状況等証明書が正しく発行されないケースが見られます。このような場合は、「受診状況等証明書が添付できない申立書」を作成する必要があります。ただし、この書類はあくまでも「証明書が事情により提出できない」という事実を示すものであるため、これだけで初診日の受診証明とすることはできません。そのため、初診日を証明するための別の書類を準備する必要性が生じます。初診日を証明できるカルテの存在は、この証明書類としてきわめて重要になります。カルテがない場合は別の書類、たとえば病院や調剤薬局での領収証や、医療機関や行政に個人情報開示の請求を行うことで入手できる「障害者手帳を申請した際の診断書」などが挙げられます。

初診日のカルテが見当たらない状態で実際に初診日を証明するためには、まずは存在する最古のカルテを入所します。そして、その入手したカルテに、初めて受診した場所として病院の名称が記載されているかを確認します。その上で、記載された病院における領収証を準備し、受診状況等証明書が添付できない申立書を作成することで、初めて初診日の証明となる書類がそろったといえます。カルテが実在しない場合は、このように複数の書類をそろえて初診日を明確にしていく必要があるため、日頃から領収証の整理が不可欠だといえるでしょう。

## 【監修者紹介】

### 若林　美佳（わかばやし　みか）

1976 年神奈川県生まれ。神奈川県行政書士会所属。平成 14 年行政書士登録。相武台行政書士事務所（平成 22 年 2 月に行政書士事務所わかばに名称を変更）を設立。病院勤務等の経験を生かし開業当初から、福祉業務に専念し、医療法人・社会福祉法人設立等法人設立を主要業務としている。また、福祉法務に関するエキスパートとして地域の介護支援専門員等との交流を深め、福祉ネットワークを組んでいる。介護保険分野では、多くの介護サービス事業所や特別養護老人ホーム設置等を手がけ、創業・運営についてコンサルティングも行っている。また、株式会社大樹苑の代表取締役に就任し、住宅型有料老人ホームの経営も行っている。
監修書に『介護ビジネス開業のための法律と実践書式 46』『障害者総合支援法のしくみと福祉施設運営手続きマニュアル』『図解で早わかり　最新版　福祉の法律と手続き』『図解と Q&A でスッキリ！　障害者総合支援法のしくみ』『図解　福祉の法律と手続きがわかる事典』『介護保険・障害者総合支援法のしくみと疑問解決マニュアル 129』『社会保障・介護福祉法律用語辞典』『介護施設の法律問題・施設管理マニュアル』『親の入院・介護　法律と手続きサポートマニュアル』（小社刊）などがある。

行政書士事務所 わかば
http://www.mikachin.com/kaigoindex

すぐに役立つ
入門図解
**最新　よくわかる障害者総合支援法**

2017年3月10日　第1刷発行

監修者　若林美佳（わかばやしみか）
発行者　前田俊秀
発行所　株式会社三修社
〒150-0001　東京都渋谷区神宮前2-2-22
TEL　03-3405-4511　FAX　03-3405-4522
振替　00190-9-72758
http://www.sanshusha.co.jp
編集担当　北村英治
印刷所　萩原印刷株式会社
製本所　牧製本印刷株式会社

ISBN978-4-384-04743-1 C2032